無名氏全集第一卷上冊

北極風情畫

——新文學第一暢銷愛情小說——

卜寧（無名氏）著

文史哲出版社印行

國家圖書館出版品預行編目資料

北極風情畫 / 卜寧著. -- 初版. -- 臺北市 :
文史哲, 民 87
面 : 公分. -- (文學叢刊 ; 75) (無名氏全集 ; 第一卷)
ISBN 957-549-156-4(平裝)

857.7 87009441

文學叢刊 ⑮

無名氏全集第一卷上冊

北極風情畫

著　者：卜　寧（無　名　氏）
出版者：文　史　哲　出　版　社
登記證字號：行政院新聞局版臺業字五三三七號
發行人：彭　正　雄
發行所：文　史　哲　出　版　社
印刷者：文　史　哲　出　版　社
臺北市羅斯福路一段七十二巷四號
郵政劃撥帳號：一六一八〇一七五
電話 886-2-23511028 · 傳眞 886-2-23965656
實價新臺幣二八〇元
中華民國八十七年十月初版

ISBN 957-549-156-4

「無名氏全集」第一卷上冊 目錄

北極風情畫

鳴謝

這許多年來，寶島的經濟起飛及其所衍生的繁榮，似漸漸影響社會生態及風氣。芸芸衆生中的相當多數（特別是不少青年），日益競逐物質生活的調適及享受，遠過於追求精神生活的性靈調劑及欣賞。流風所及，加上第四臺與網路的衝擊，純文學閱讀市場乃日趨萎縮，以致陷入極不景氣。這種不太正常的現象，雖尚不致如有心人士憂慮文學行將死亡，但至少它確實已漸面臨嚴重的市場危機。我們一貫堅信：文學是一個民族的生命活力的創造源泉，更是民族大靈魂探索並通達眞善美偉大境界的原發性的力量直如長江大河。儘管純文學市場日漸險惡，我們仍堅持優秀文學作品應繼續出版。因而社會諸碩彥遂發起成立「無名氏全集出版基金籌募委員會」，籌劃印行「無名氏全集」二十巨冊，五百餘萬字。這是一項很巨大很艱難的文化工程。在目前大不利的客觀環境下，不得不期冀社會有識有心人士及一些文化基金會的贊助。現在，已有一些素富正義感並熱心文化公益的機構及社會賢達們慨允支持「全集」出版，對他們無私的愛護文化愛護文學藝術的高尚精神，本會及卜寧（即無名氏、卜乃夫）本人特表示最深的謝意，並率先公佈首批鳴謝名單如下：（按其贊助出版的時間先後排序）：

聯合報系文化基金會
外交部（部長胡志強先生）
行政院新聞局（局長程建人先生）
行政院文建會（主任委員林澄枝女士）
行政院退除役官兵輔導委員會（主任楊亭雲將軍）
國防部總政治作戰部（主任曹文生將軍）
廣興文教基金會（董事長王廣亞先生）
世華銀行文教基金會（董事長何宜武先生）
僑務委員會（前委員長祝基瀅先生）
國防部總政治作戰部（前主任杜金榮將軍）
中華民國團結自強協會（理事長白萬祥將軍）
柯明期先生
姚白芳女土
吳麗娟女士

無名氏全集出版基金籌募委員會　啓
卜　寧（無名氏）

「無名氏全集」共二十卷，約五百餘萬字，各卷書名如下（註）：

第一卷　北極風情畫　塔裏的女人

第二卷　「無名書定稿」第一卷　「野獸、野獸、野獸」

第三卷　「無名書定稿」第二卷　「海艷」

第四卷　「無名書定稿」第三卷　「金色的蛇夜」

第五卷　「無名書定稿」第四卷　「死的巖層」

第六卷　「無名書定稿」第五卷　「開花在星雲以外」

第七卷　「無名書定稿」第六卷　「創世紀大菩提」

第八卷　「綠色的迴聲」

第九卷　「花的恐怖」

第十卷　「海的懲罰」三部曲　「紅鯊」

第十一卷　「抒情煙雲」上下冊

（註）以上二十卷，如有必要，或稍作增刪。

評論摘要

有關無名氏各種作品的評介，坊間已出現一百數十篇，達數十萬字，還不算兩本專書約五十餘萬字，一篇碩士論文約十萬字。「無名氏全集」篇首不可能將它們統予介紹。但爲了瞭解外界對無名氏多種作品的反應及評價，現僅選海內外各家具有代表性的評論，依「全集」各卷次序，分小說、散文、報導文學、詩篇四類，一一摘要介紹如下（評論原名暫略）：

「塔裡的女人」、「北極風情畫」曾如風潮狂捲，令萬千青年灑淚，迄今仍膾炙人口」——臺灣「聯合文學」。

「無名書」在現代中國文學史上不論其最終地位如何，在毛澤東時代的中國大陸，卻是單獨一位作家完成的最最輝煌的巨作。……「無名書」創造出一種結構精心、詞彙豐富而感情充沛的文體，……眞是難能可貴。在現代中國文學中，這部作品的氣魄之大，學問之廣，可說是空前的，遠遠超過了一些公認爲大作家的三部曲巨書，例如上文已提到過的老舍的「四世同堂」與巴金的「激流」。——美國哥倫比亞大學名譽教授夏志清。

我毫不遲疑的說，自新文學誕生以來，「無名書初稿」是最偉大的小說作品，這由於它表現了前所未有的獨創性。——「中國新文學史」作者司馬長風。

「無名氏的『無名書』」是千古奇書，是中國當代藝術成就最高的一部地下文學鉅作。……西方有德國「浮士德」等經典鉅作，中國當代則有「『無名書』鉅作」。——上海復旦大學人文科學院副院長陳思和。

「古人云：『文王拘而演周易；仲尼厄而作春秋；屈原放逐，乃賦離騷；左邱失明，厥有國語。一部龐大的『無名書稿』，也同樣是在作家無名氏貧病交加極度艱苦的條件下完成的。」——南京大學博士生導師汪應果（摘自其專書『無名氏傳奇』）。

在一般人的眼中，無名氏是有著文學語言革命者的身姿了。……有人說無名氏在造反，在造現代小說的反。……讀他們（無名氏與徐志摩）祖露生命眞象的作品，可以得到最大的悸動和歡樂，除了美的感受，力的激揚和智的啓迪之外，你看不出任何虛假的成分與媚俗的傾向。……無名氏的作品不但是舊典範，也是新視野。……本文所呈獻的，只不過是一個文壇晚輩對這位國寶級作家的敬仰與神往罷了！……他不但是說故事的大師，也是感覺的大師！」——名詩人瘂弦。

「『無名書』初稿，是現代中國文學中一部相當獨特的作品。……最獨特的地方，在於這本既是『詩的小說』同時又是『哲學的小說』中，包容了對整個時代生命情態的深刻反省。在我們這個動亂時代中，惶惑的人生中，此書不啻是歷史的見證。還不只是見證，它更表現出一種穿越動亂與惶惑的起拔與新生的努力。這是一種起死回生的努力，是東方文藝復興的偉大嘗試。……這本書不單是文學作品，而且是時代之書，生命之書。」——香港中文學教授黃繼持。

「要不是他那股撼人心弦的豪氣和他那支令人目弦的筆，長達二百六十萬字的『無名書』恐怕永遠寫不出來。在中外文學史上，圍繞著同一中心題旨意識的三部曲爲數甚多，但是像『無名書』這種巨構的六部曲卻是首度見到。倘若沒有那股『沛乎塞蒼冥』的豪氣，無名氏怎麼能仗著一支筆，如此生動地描繪出超越國界的未來世界大藍圖？怎麼可能透過印蒂的心路歷程，如此灑脫地勾勒出『星球哲學』的輪廓，並印證了崇偉的博愛理想？」——臺灣中興大學前文學院長余玉照。

「所有的文學作品，都要有個性，無名氏的散文，個性特濃，特強，活潑潑的一個人，整個的呈露在你面前，不但色彩鮮明，甚至連氣味都可以聞到，這眞是難以抵抗的魅力。」

「無名氏的一些散文，都是值得一讀再讀而讀後令人覺得回味無窮的精品。」——

——臺灣大學前文學院長朱炎。

「無名氏的文字詞藻與格調之浩瀚與震撼，也許只有用畢加索的畫來比擬：有古典的敦雅純樸（描寫西湖的山水，錢塘江的子午潮，和三峽的山光水色，及其他數不盡的對風景描述，是中國近代文學史上罕見的好散文），也有近代的突異創新；沉鬱時有波特萊爾（baudelaire）的郁膩靡麗，尤其『蛇夜』一書，奔放時有惠特曼（Walt Whitman）的激情艷暢（以『海艷』為主），這是一個獨特而創新的文格，是完全屬於他自己的。」——美國著名女作家叢甦。

「無名氏以其豐沛罕見的人生閱歷，透過十分真誠深刻的觀察，再配以優雅流暢獨到的筆觸，在新著中（指『無名氏全集』第十二卷散文集上冊『在生命的光環上跳舞』與下冊『宇宙投影』），幾乎每篇都引人入勝，讓讀者從容優遊在他奇花異卉的世界裡流連忘返。」——名詩人張默。

「無名氏的作品風格至今仍是獨特而迷人的。」聯合報副刊編輯室。

「這是一本奇異而迷人的小書（指『綠色的海聲』）。奇異而迷人，倒不只因為它敘說的是一個自傳式的愛情故事？奇異而迷人的，是故事發展的曲折錯綜。而這曲折錯綜，在常人常理的處置下，既不應曲折，也不會錯綜。」——美國著名女作家叢甦。

「由於這部作品（指「海的懲罰」）兼具藝術性與現實性，因此顯得彌足珍貴，可以稱之爲中國大陸苦難經驗的代表作。其筆法雖與索忍尼辛不一樣，卻同樣具有悲天憫人的人道主義精神。像這樣實地取材並加以藝術處理的作品，我們肯定是前所罕見的。就我所知大陸的苦難事件，屬於親身經歷的，尙未被如此仔細深刻地報導過。」名詩人瘂弦。

「我讀過許許多多世界文學名著後常有的感覺：讀了『戰爭與和平』四册，中國的托爾斯泰在哪裏？同樣的，讀了『古拉格群島』這部大書，油然而生同樣感喟：中國的索忍尼辛在何處？然而，無名氏先生的『紅藍』一篇篇刊出，我不禁狂喜：『我找到了』！」

「這是一本重要的社會文獻（指『紅鯊』英譯本）」——美國著名的Kirkus雜誌。

「這篇小說（指『花的恐怖』）最最感人處，也是最最精緻處，在於細膩描出那種處境下的『我』，有一天面對花卉時，竟然完全失去花形花色，美麗的感應——恐怖之至！」——名小說家李喬。

「暴力對自由人的禁錮、迫害，直可以蝕人骨髓，吸人精血，甚至傷害到人的靈魂，讓人冷漠變形，不如禽獸。無名氏近作『化石』，就是一個典型的例子。」——

名小說家司馬中原。

「當我一一讀完集中（指『獄中詩抄』）的全部作品之後，不禁爲其中那股凜然不可侵犯的道德勇氣所震撼，爲作者那份在舉世滔滔中雖『千萬人吾往矣』的豪情所感動。……我國古代詩人因政治牽累受到傷害，而將內心的悲憤化之爲詩的，大有人在：『九死其未悔』的屈原、『露重飛難進』的駱賓王、『斯人獨憔悴』的李白、『蠟炬成灰淚始乾』的李商隱，……所不同的是無名氏在詩中表現的悲憤和抗議，更爲直接而強烈；既是他個人的控訴，也是全中國人的共同心聲。」

「最近，無名氏的若干詩作，自大陸流傳了出來。這些詩的風貌，與無名氏的其他作品一樣，其文勢的壯美、筆觸的細膩、感情的豐富、元氣的淋漓、創造力的充沛，在在令人有目眩神搖之感，而在靈魂的深處，這些詩卻又表達了深邃的痛苦與孤寂，表達了尖銳的感性與玄思。字裏行間，充分呈現了一個謎樣難解而又天才橫溢的悲劇文人的造型。」——聯合報主筆陳曉林。

「無名氏藉著觀賞、閱讀反納粹暴行的影片、文學作品、歷史材料，觸目驚心之餘，發言爲詩，其內心之志甚爲明顯，我們讀來是觸目驚心，……他（無名氏）把自我撕裂、壓搾、搥擊，已幾近於自虐的程度。那種劇痛，彷如被蛇身纏住，逐漸逐漸被吞噬，毫無疑問，眞正的原因來自現象界的大苦難，逼使他一字一句地吐出悽厲的叫嘷。……現在我們才知道，除了是小說家，他更是一位詩人，一位當代的詩人。」——中央大學教授李瑞騰。

「不識歌者苦，但傷知音稀。」先驅者的道路是寂寞的。無名作家無名氏是少數的知音者。他說：「當一般國畫家停在十五、十六世紀時，他（林風眠）卻畫出廿世紀。」無名氏更在一九四六年作出不詳而又準確的預言：「這個綜合東西二大文化的藝術家，命運是殘酷定了的，過去他奮鬥了廿年，被誤解了廿年，在『沉默的窟』裡隱藏了十年。今後他還得被誤解二十年，沉默二十年。」——香港評論家高美慶。他所引用之文，是無名氏的「林風眠——東方文藝復興的先驅者。」

書史奇蹟

「塔裡的女人」、「北極風情畫」曾如風潮狂捲，令萬千青年灑淚，迄今仍膾炙人口。——臺灣「聯合文學」。

「北極風情畫」、「塔裡的女人」在中國，幾乎是家喻戶曉的小說。——前彰化教育學院院長張植珊（註）。

「北極風情畫」、「塔裡的女人」自一九四四年問世後，數十年來，在海內外各銷五百餘版，一百萬冊以上，還不算文化大革命期間，大陸各大城市流行「塔裡的女人」手抄本幾十萬冊，此是最低估計。有人說：正確估計應是數十萬冊。也不算臺灣中視播出「塔裡的女人」電視連續劇後，坊間又暢銷數萬冊。

自中國新文學誕生後，一本十萬字的小說竟以手抄本形式抄幾十萬冊，風行于中國各大城市，「塔裡的女人」不只是絕無僅有，也幾乎是空前絕後。

杭州一位小學女教師能從頭到尾背誦「塔裡的女人」。

（註）教育學院後來改爲彰化師範大學。

圖片說明

這是「北極風情畫」男主角本人李範奭將軍與此書作者無名氏（卜寧、卜乃天）及其秘書汪祖繼的合照。地點在西安二府街四號韓國光復軍第二支隊辦公室。此時李將軍任光復軍參謀長兼任第二支隊隊長。右第一人爲無名氏，中坐者是汪祖繼，左第一人爲李將軍。此照攝製距今已五十五年，年代太久，故稍嫌模糊。須說明者，李將軍本人俊挺豪邁，純屬軍人英雄本色，但「北極風情畫」書中主角林，作者不得不把他描畫成洋溢詩人的氣質及風度，這是爲了配合書中情節。

北極風情畫

一

一千九百四十二年夏季，我患劇烈的腦疲症，遵醫生勸告，從河南前線回後方西安靜養。由於市塵喧囂，友朋酬應過繁，思想始終不能安靜，腦疲竟一天天更厲害起來。有時，只要稍爲多看一點書，就會在椅子上暈過去，可怕極了！最後，我發了個大願心，去華山休養一段時期再說。

這年秋天，我到了華山，寄居五千仞上落雁峯白帝廟。兩個月過去了，腦病竟漸告痊癒。這時本該下山，我卻留戀不捨，拿不定決心、離開我的許多好朋友們：這些奇麗可愛的山峯。

我說，這些山峯是我的好友，一點也不誇張。誰只要遊過華山，就別想忘記那些迷人的山姿巒影。它們好像一些活蹦亂跳的美麗野獸，永遠潛藏你的心靈深處，你無論如何也趕不跑。在華山兩月，我沒有一友，卻又有成千成萬朋友：它們就是山、樹、草、石、月亮、太陽。這個時期，我不再是「社會人」，而是「自然人」，像五十萬年前老祖先「北京人」似的。

我把生活調理得儘可能詩化。每天清晨，我和太陽比賽誰起得早，這個錦標，不用說，常屬於我。迎著薄寒，我一口氣跑到朝陽臺觀日出，看那又大又紅又圓的太陽寧靜的昇起來，像一座燦爛的神。對著太陽，我張臂狂嘯三聲，或背誦兩首華特曼禮讚太陽的詩，接著，就奔赴泉水邊洗臉。早餐常在松樹下用，我吃饅頭時，樹上松鼠也唧唧嚷嚷著嚙松子，百鳥則在歌唱。有時，我投一把饅頭屑在地上，一些野鳥飛下來啄食，牠們的聲音與姿態，對我只顯一個意義，就是：生命！生命！生命！早餐後，我斜倚樹身假寐，諦聽泉水的音樂，這裏面，有鋼琴、提琴，有抒情曲、夜曲，酒一樣的、把我迷得醉醉的、甜甜的，好靜又好舒服啊！近午時分，我脫光衣服，躺在仰天池潔白大石上作日光浴，一朵朵白雲似從我身上滑過去。午飯後，我滿山亂跑，由落雁峯馳到玉女峯，自玉女峯又衝到五雲峯或朝陽峯。我不叫腦子裏有一芽思想。我讓四周的山、樹、雲、陽光、泉水、來麻醉我、刺激我。有時，偶從路邊看見一隻美麗甲蟲，我就坐下來，和牠耍個一會。有時，找得一些斑斕的鵝卵石，我就一枚枚的投入泉水，聽它在水面激起的優美迴音。有時，爲了幫助螞蟻搬糧食，也忙個一陣子。有時，攀危石採一些野花，編織花環，直至日落西山，才怡然而返。晚飯後，我坐在大殿一個陰暗角落上，聽道士唸誦晚經。鐘鼓聲、木魚聲、磬聲，以及濃烈的香烟，使我呼吸到宗教的幽靜，直至神思恍惚，身心似入夢境，才像夢遊人似的，返回丹房休息。

就像這樣，無思無慮，我的腦病才迅速痊癒。兩個月終了，我的日記上只留下兩句話：

「許多腦子有毛病的人，爲什麼不來請教華山這位偉大醫生呢？」

我既對華山依依不捨，發生狂戀，便決定住到年底再走。理由有三。第一，我要把腦病斬草除根，徹底治好，以免將來復發，只有在華山這樣的安靜環境才能好好養病。第二，我的感情太浮，許多事情常沉不住氣，我決心要把自己的性格培養得冷靜點、深沉點，這只有在華山這樣孤獨冷清的環境才行。曾有人說過：「經在口頭，佛在心頭，十年面壁，頑石點頭。」這是指達摩祖師的苦行而言。我雖不能像達摩十年面壁，至少也該擇一個清靜環境來體鍊體鍊。第三，生命太短，機會難逢，誰知道將來什麼時候才能再登華山？我何不藉養病的機會，在我的生命史上，與華山結一段較長久的姻緣，以供他日回味、咀嚼、思憶？

我當即把這一決定告訴廟中主持，一個姓袁的老道。他生得鶴髮長眼，滿臉樸厚之氣。他倒還好，沒有說什麼，只是警告我：冬季山上冷得很，常常有些小野獸凍死，得特別當心才行。我對他說：「身子冷一點沒有什麼，只要心熱一點就行了。」他聽了這話，笑了。這老道年已八十，是五十年前入華山修道的。他來的時候，正當甲午中日戰爭發生，左寶貴在朝鮮平壤死戰犧牲。現在，第二次中日戰爭已進行五年了，他的足跡仍未出山。近數載，他已經四五年未看報紙了。我上山第一天，他曾問過我：「先生，上山來的先生們，常和我談什麼『坑熱』不『坑熱』的大道理，『坑』當然是『熱』的啦？這有什麼道理可談呢？他們的話，眞比張天師咒語難懂。也許我耳朵聾了，聽不清爽吧！」我聽了他的話，才知道這「坑熱」二字是「抗日」的訛音，我沒有回答，只笑笑。我不想和他談抗日大道理。這太費時間。像他這樣的出家人，早把國家拋到九霄雲外，我又何必拿紅塵煩惱招惹他？而且，他出世太久，和我們紅塵人也難溝通，我又何必虛耗時間？話說回來，這老道的腦子雖說和我一樣，有點毛病，身體倒異常健朗。他一頓飯能吃半斤饅頭，從山腳登山頂，五十里陡峭山路，不消六七個鐘頭，就走到了。廟裏廟外的事，他也料理得井井有條。仲冬，有些道士下山避寒了，全仗他主持廟務。

秋漸盡了，冬季來臨，天氣一天比一天冷，袁老道終於和別的老道們陸續下山，在山腳下的玉泉院過冬了。只留下一個年輕道士和一個燒飯的長工，看守廟宇。廟內分外現得冷清起來。我倒不感寂寞，不時看看佛經，消磨時間。這樣，很快就是陽曆年底。

按我原來計劃，打算在一九四三年元旦那天下山，算是昨死今生，完全逃離疾病與死亡的威脅，從今以後，可以脫胎換骨，重新做人了。除夕前一天，我感覺分別華山之時漸近，說不出的有點難過。這一天，雖然冷得要命，我仍去各座山峯上盤桓許久，好像小孩子要離開母親似的。

返回廟裏，很遲才進丹房休息。睡了不久，一陣古怪得可怕的巨吼聲、忽然把我搖醒了。我披衣起坐，側耳細聽，原來是山風大作，狂嘯如虎。只聽得窗外一陣陣怪叫不斷衝過來，猛惡極了，直似千軍萬馬作梯隊衝鋒。聲音越來越大，勢若翻江倒海，怒潮奔騰，似乎要把全華山吞下去。窗板被刮得「轟轟隆隆」響。整個屋子晃動得厲害。我坐在丹牀上，彷彿坐在駭浪滔天的小船裏，隨時有翻船可能。聽著風聲，我不禁害怕起來。據老道說，華山冬季，有一種狂烈的奇風，能把大樹連根拔起來，人在風裏走著，就會被吹得跌倒，因此，廟頂全是鐵瓦，有些柱子也是鐵的，廟基則是極堅固的巨大巖石。當年建築這些廟宇時，眞是費盡心血。夏秋之際，好容易把屋架子與樑柱架好，冬天瓦木匠下山避冬，次年上山時，那些屋架子早被吹得無影無蹤，杳如黃鶴了。

窗子越震越響，屋子越搖越兇。隨著窗外大風，想起老道的話，我越想越怕。

「看今夜這樣狂風，我住的這座樓房很可能被吹倒。如果它一倒坍，連人帶桌椅牀舖全會滾到巖壁下面，從五千仞高峯頂直摔下去……。」

據老道說，一個人若從峯頂摔下去，至少要到華山一百里外，才能尋到屍首。

「假使我就這麼睡在牀上被摔到一百里外——」

太可怕了。我不敢再往下想了。

「怎麼辦呢？逃？不逃？還是等死？」

一個又一個恐怖的疑問閃動在腦子裏。

正恐怖著，忽然，一陣天崩地裂似地倒塌聲響起來。我吃了一驚，以爲落雁峯眞個倒塌了。索性閉上眼睛，心一沉，等待死亡末日降臨。誰知過了一會，這倒塌聲竟又沒有了。我臨時胡猜：大約是廟外一些松樹被吹倒了。不久，一陣陣倒塌聲又不斷響了，錘子似地敲打我的心。我一面怕，一面胡思亂想道：

「完了，完了，今夜我也許完了！」

二

胡思亂想，一夜未闔眼。快到黎明時分，房內特別冷，實在倦不過，才昏然入睡。

不知是多少時候，一覺醒來，風竟停了。舉眼向窗縫一望，只見外面一片白光。我不禁雀躍而起：

「這是雪！雪！雪！下雪了！」

一個上午，我斜倚窗子，看了半天雪。午後，雪住了，我決定上落雁峯頂仰天池去看華山雪景。這是我在此峯的最後一個下午了。明天這時候，我的身子或許已在山半腰或山下了。我得好好利用這個下午。

我拄著手杖，踏雪登落雁峯頂。一路都有鐵鍊圍在巖石邊，路並不難走。不消半個鐘頭，我就攀上仰天池。

我恍然大悟昨夜那一陣陣倒塌聲，原來眞是一些高大松樹被刮倒了。多可怖的華山狂風！眞是名不虛傳。

現在，雖無風，峯頂卻冷得可怕，一股股寒流，錐子似地刺入肌膚，我縱穿皮袍棉褲，還是覺得冷。

「這一片雪景太難得了，冷一點算什麼！反正明天我就下山了。」

我一面安慰自己，一面眺望雪景。我不知道自己是在地球面，還是在另一個星球上。

有誰佇立華山最高峯頂看過雪景麼？啊，太美麗了！太神聖了！太偉大了！那不是凡人所能享受的。只有在神話裏生活的人，才有這樣眼福。那並不是雪景，而是一座座用萬千羚羊角堆砌的建築，通體透明，潔白芳香。整個華岳又像數不清的北極冰山，化宇宙爲銀色。這裏，人只有一種感覺：白色。這白色充滿你的眼睛、你的思想、你的心靈、你的血液。你會覺得思想是白的，聲音是白的，你的情感你的一切都是白色的。這裏，白色就是上帝，是最高主宰，祂把華山一木一草全染成白色，再不容許第二種色彩。

望著望著，自己似乎整個溶化了。我彷彿覺得，自己每一個細胞全變成白色。變成雪。我身前身後，是白色的酒之海，使我從頭到腳沉醉在裏面。

這樣沉醉，不知多久，忽然間，一個黑色形體出現在白色海裏。牠慢慢蠕動、轉移，正對著我的方向。牠像一棵樹，逐漸向我走來，漸漸在我眼前明顯起來。我突然吃了一驚，從醉夢裏甦醒。

「啊，這是一個人！」

是的，這是一個人，一點也不錯。這個人已爬完落雁峯最後一級石磴，走近仰天池了。

這個人與其說是一個人，倒不如說是一條野獸、更適當點。他年約四十左右，有著野獸一樣的強烈眼睛，野獸一樣的魁梧身子，野獸一樣的沉靜腳步。他頭戴一頂破舊水獺帽子，帽招子直遮住臉頰，一件破舊的鑲水獺領子的黑色呢大衣裹著身子，把他裝飾得狗熊一樣笨重、滑稽。實在，他的帽子與大衣太破舊了，有好幾處，都現出銅錢樣的大洞，照我們南方人說法，就是「賣鴨蛋」了。他身上至少賣了六七個「鴨蛋」。但大衣質料倒不錯，是道地俄國貨，只可惜穿得太久了。

他拄著一條劍閣產的蟠龍手杖，在仰天池邊站定，離我只有四五尺了。

我又對他的臉端詳一遍。在這張臉上，我看出一種極頹唐厭倦的神氣，眉宇間，有時還偶然露出一種獰惡、諷刺、傲慢的表情。他好像對一切都不滿意，只有四周美麗雪景，才稍稍能吸引他的注意。

從前，我讀過一個天才舞女的自傳：有一次，她發請柬，邀一位著名的瑞典文學家去看她表演；他拒絕了，覆她一張字條：「我許久沒有出門了，我討厭人類！」

離我只有四五尺遠的這個陌生怪客，令我想起這位瑞典文學家。我想：他們大約都是一個模型鑄造出來的。

我的想法並不錯，不久，就被鐵一般的事實證明了。

本來，遊過華山的人，都有一份經驗，就是：當你一過蒼龍嶺和金鎖關後，遇見任何一位上山客或下山人，你都想同他打個招呼，說兩句話。這種神秘心理，兩千年前，就被莊子道破了。他說：「夫逃空虛者，聞人足音，跫然而喜矣。」你所爬的山越高，你的四周越空虛，所見到的陌生人，也愈覺可愛。只有當你完全脫離人群時，你才覺得人群可貴。

基於上面的神秘心理，不用說，我對身旁的陌生人，自然感到說不出的親切。不僅親切，我還很好奇。試想想，這樣的大冷天，而且還是除夕，竟有人冒大雪，爬上華山最高峯，喝西北風，這個人如果不是瘋子，也是怪得不能再怪的怪人。入冬以來，這一個多月，我就未遇見一名遊客。我原以爲自己夠怪了，想不到竟還有一個比我更古怪的人，這怎能不叫我發生好奇心？

其實，就我的個性言，我是不大愛說話的。我曾經統計過：在這一九四二年最末一月，我總共說了不到十五句話，平均每兩天才說一句話。我和那個燒飯的長工，幾乎一直在演啞劇：點點頭、擺擺手、拱拱腰，踢踢腳，最多哼兩聲，就算是說話了。

話雖如此，此刻，我卻極願意和這位陌生漢子講話。

我向他打了個招呼：

「先生，您是一個人上山嗎？」

他點點點，連哼也沒哼一聲。他在看山下雪景。

「您是昨天上山吧？」

他再點點頭，仍眺望雪景。

「那麼，您昨天是憩在北峯，還是東峯？」

他並不回頭，只哼了個「東」字。

他待理不理，這種冷淡神情，實在叫我起反感。我想：這個人的心、大約正和華山冰雪一樣，又冷又白。在這樣人跡罕見的五千尺高峯上，他遇見和他一樣有眼有鼻的人類，竟這樣冷酷無情，眞有點不近人情。

我向他狠狠盯了一眼，忽然生起疑心，且有點害怕起來：「他或許不是人，是鬼吧？」他如果不是鬼，是人，絕不該這樣冷酷。

我一面懷著鬼胎，一面孤注一擲，背城一戰，向這陌生漢子作最後挑戰。

「先生，您今晚不下山了吧？在南峯廟裏憩？」我臉上滿堆著笑。

「不『下』了。」他始終沒有回轉頭，一直在俯瞰雪景。

感謝他的恩典，這次多擠出兩個字。他似乎不是回答我，而是賞賜我；他的每一個字，彷彿比珍珠還珍貴。如果說，羅馬的尼羅皇帝，是世界上最傲慢自大的人，這陌生漢子，比尼羅還傲慢五倍。

瞧著他的冷酷背影，我越想越氣，終於提起手杖，頭也不回，離開仰天池。我絕不想和這樣一個夜郎自大的人同在一起呼吸空氣。

我走下山峯時，他仍在觀賞雪海，連看也不看我一眼，這更增加了我的不快。我加速腳步，恨不長著翅膀，一口氣飛下山，永不再和這個人見面。

三

吃晚飯時，我才跨入食堂，就微微吃了一驚，這陌生漢子正在喝素酒，嚼豆腐乾，吃炒雞蛋，啃饅頭。廟裏有一種白干，道士美其名曰「素酒」，其實酒性很烈。這陌生漢子一杯杯的喝著，好像喝白開水，一點不在乎。

那個年輕道士，有點類似白癡（也許因爲道行太深之故），終日除唸經外，難得說話。長工則是深度近視眼，耳朵又有點聾。我們三人，平常吃飯，幾乎無話可說。這陌生漢子更是鐵鎖泥封的嘴，看情形，就是扔手榴彈炸他，怕也難得炸出兩句話來。因此，我一吃完飯，立刻離開飯桌。當我離開時，那陌生漢子還在喝酒，咬豆腐乾。

返樓上丹房，我不斷來回踱方步。我想，今天是除夕，家家戶戶，團圓歡聚，喝酒猜拳行樂，誰料到我會在這樣一座冷清清的山頭消磨？並且還遇見這樣一個古怪的陌生人？

這樣想著，愈想愈懊惱、愈彆扭。終於，我又好笑起來。反正明天下山，離開這裏了，又何必嘔這些閒氣？倒不如早點睡覺，多休息休息，養足精神，明天好趕路。

計議既定，我特別破例，提早睡覺。睡了不久，便聽見一陣低沉的腳步聲。我猜就是那位陌生怪客。他在客堂內枯坐一會，旋即回到我對面那間丹房裏。廟裏爲了便利遊人，本預備了一些丹房作客舍，我的丹房和對門的，是全廟最優雅最寬大的兩間，每間房裏，有兩座巨大的丹牀，原是給集體遊客憩宿的。現在，因爲遊人稀少，我和那位陌生漢子，便各佔一個大丹房，極舒適之能事。唯一美中不足的是：稍嫌冷清一點。

倒在丹牀上，翻來覆去，睡不著。我不斷盤算將來的事。這次下山，究竟怎樣開始新生活？上前線乎？在後方乎？幹文化工作乎？做公務員乎？……越盤算，越興奮；越興奮，越睡不著。夜半時分，好容易自我催眠，正欲入睡，一陣輕微的腳步聲猛然把我驚醒。腳步聲輕極，也神秘極，分明有人在客堂內走動。

「這樣深更半夜，有誰在外面走動？」

我不禁感到好奇，輕輕坐在牀上，從板壁縫中，向客堂裏張了張。不張猶可，一望，我幾乎駭了一跳，一幅怪誕得迹近可怕的景象緊緊抓住我。

那個陌生怪客一手擎白色燭，正從丹房內走出來。他沒有戴帽子，長長的頭髮亂披在臉上，像一條條小毒蛇。他的眼睛纏結著血絲，臉色蒼白如死，唇邊染著斑斑殷紅血跡。這個深更半夜，他所顯露的相貌，和我白天所見的，大不相同了。白晝所見的，是一頭野獸的形貌，現在所見的，則是一種鬼魂與死屍的形象。世界上最恐怖的面孔，是絞死者的面孔，他此刻正是：歪扭、蒼白、絕望、慘厲、陰森。幽靈似的，他踱到客堂裏，輕輕把蠟燭放在桌上，然後從壁上輕輕取下那架桐木古琴。這具琴原是客堂中的裝飾，弦柱子早已壞了，六根弦全鬆弛著，無法彈出聲音。

這怪客取下琴，顯然不是爲了彈奏，而是爲了回憶。他把琴安置在桌上，坐在一張紅漆方凳上，輕輕撫摸它，深深鎖皺眉頭，瞇細眼睛，似要把自己整個身心鑽入回憶。他沉思著，沉思著，忽然站起來，悄悄在室來回走著。走著走著，他突然輕輕跪在地上，攤開兩臂，手掌向上，仰起臉孔，似在祈禱，又似在做一種極沉痛極啞默的呼籲，對蒼天的呼籲。這時，他臉上所顯示的苦痛表情，除了用但丁煉獄裏的鬼魂來比喻，我再想不出別的。

我看著看著，不禁渾身發抖。我好像又變成一個孩子，又恐怖又迷愛的聽一個白鬍子老人講狐鬼故事。「我究竟是活人，還是死人？」漸漸的，我對自己也懷疑起來了。我差點懷疑自己也是縊死鬼之類了。

正懷疑著，這怪人已從地上站起來。出於我意料的，他回到房裏，戴上皮帽，竟又走出來，輕輕下樓了。

我的疑心越來越重，終於鼓起勇氣，決定探究這位神祕客人的行蹤。

三分鐘後，我也輕輕爬下床，穿好衣服，走下樓。滿院子全是雪，照耀得廟裏極明亮。我看見那神秘客人在雪上所留的新足跡，便跟蹤到後門口，又由後門口追到廟外。

一出廟門，我就發現那怪客遠遠在前面走，直像一個夢遊病者。山上到處是雪，一切光明如白晝，人的影子長長的拖在雪地上，清晰極了。我爲了避免被發覺，便彎下身子前進，和他相隔約莫四五丈遠。

他走著走著，到達落雁峯楊公亭畔，便停住了。亭子前面，就是陡峭的削壁邊緣，石頭上雕刻四個大字：「五千仞上」，現在卻被雪完全覆住了。

我悄悄躲入一叢灌木林內，偷偷看這個怪人究竟做些什麼。

他其實並沒有做什麼，不過在亭子裏來回徘徊，且不時停下足步，向極北方瞭望。望一會，又開始徘徊，徘徊一會，他又開始瞭望。瞭望復徘徊，徘徊復瞭望。最後，他站著不動，做了一個極長久的眺望，一面望，一面不時看腕錶。

我潛伏著，屏住呼吸，一動也不動。終於，我聽見一陣慘不忍聞的聲音：出於意外，這竟是他的歌唱。天知道，這哪裏是歌唱，簡直是受傷野獸的悲鳴，是瀕死豺狼的哀吟，是母親抱著被殺死的孩子時的慘叫！有生以來，我從未聽過這樣悲悽的歌聲。

華山雪夜太美了，令人不能忍受的美麗。四周卻是死樣的靜，像剛發生謀殺案。

在這樣的美麗與死靜中，歌聲分外現得淒厲而悱惻，像千萬把飛劍似地，筆直刺入我的心臟，我的淚水不禁斷續滴落著，不由自己。

唱著唱著，他猛然走出亭子，直向懸崖削壁走去，離它越來越近，眼看就要滾跌下去了。

一種說不出的恐怖捉住我，我也顧不得他是人是鬼，是野獸是幽靈，突然跳出灌木林，用盡全身氣力，向他衝去。

一面狂跑，一面呼喊：

「站住！不要動！」

他聽見喊聲，殭屍似的停下來，一動也不動。

我一口氣衝到他面前，不顧一切，死拖住他的膀子，把他拖出懸崖邊緣。一壁拖，一壁用滿腔熱誠對他喊道：

「朋友，你千萬不能尋短見，世界上生路多得很！」

他被拖到亭子旁邊，莫名其妙的望望我，突然冷冷道：

「你這是算什麼？」

「我不許你尋死！」我向他大聲吼。

他鼻孔哼了一聲，冷冷道：

「我並沒有尋死。」

「你沒有尋死？幹嗎往懸崖邊上走。」

「這是我的自由。你沒有權利干涉我的自由。」他仍然冷冷說。

我楞了一楞，驀的「撲通」一聲，跪倒雪地上，用誠懇得不能再誠懇的聲音對他道：

「先生，我向你叩頭了，請你再不要這樣冷言冷語，好不好？我們都是人類，並不是石頭，人對人爲什麼一定要像石頭一樣？你能不能對我少冷酷一點？」

聽到我的發自內心的聲音，他似乎稍稍有點感動。他扶我起來，深深嘆了口氣，用比較溫和的口吻，輕輕道：

「你以爲人類比石頭少冷酷一點麼？」

「當然？」我堅決回答。

他輕輕苦笑了，好像大人笑孩子的幼稚。這是我第一次看見他的笑顏。我分明聽見他的平靜聲音：

「據我的看法，比起人類的心來，石頭倒是一種溫柔得不能再溫柔的東西。」

「爲什麼？」我驚詫。

「你見過海綿嗎？把石頭和人心放在一起，石頭最多也不過是一種海綿體，簡直溫柔得可憐。」

「我不能同意你。」我不斷搖頭，堅決的對他道：「現在，我問你：你剛才是不是想尋死？」

「你怎麼知道我尋死？」

「我看見你往懸崖邊上走。」

「在懸崖邊上走路，就是尋死？你以爲一個人會這樣容易死嗎？」

「不尋死，你爲什麼在懸崖邊上走？」

「因爲我喜歡懸崖，我更歡喜那數千尺深淵，假使一個人偶然像皮球似的滾下去，不也很有趣嗎？」他一面說，一面大笑。

「唉，你這個人，剛才那麼冷酷無情，現在又這樣嘻嘻哈哈。你能不能說一點正經話？」我對他不禁有點發生反感。

「我所說的每句話，都是正經話，正經得不能再正經了。我現在還願再向你說兩句正經話：當一個人出世的那一天，就是他命定在懸崖上走路的那一天，每一秒鐘，他身邊都有一座可怕的千尺深淵等待他。你愛信不信。」

「你的話太玄虛，我們還是談點實際的事。現在，請你向我坦白說，你究竟是不是想尋死？」

「你這人眞奇怪，我現在明明活得很好，你爲什麼非要栽賴我尋死不可？」

「那麼，你究竟憑什麼理由，深更半夜在懸崖邊上走？」

「理由剛才我已經說過了。」

「我不相信那是個理由！」

「世界上不是理由的理由多很很。你既然談理由，我現在就問你一個理由，你爲什麼一定要苦苦追問我尋死不尋死？」

「因爲我不願意你死！」

「你不願我死？」他瞪大眼睛望我，忽然哈哈狂笑，喝醉了酒似地，大搖其頭。

「我不相信這是個理由！」

「爲什麼？」

他收斂狂笑，回轉先前的冷靜，低低道：

「火星和水星上的事，我不知道，不敢說什麼。至於地球上，我可確確實實不相信還有不願意別人死的人。」

「你又在說笑話？你這個人眞會開玩笑。」

「我一點也不開玩笑，我所說的每字每句，都是嚴肅得不能再嚴肅了。」他臉上滿溢沉思意味。

「好了好了，算你會說笑話，我說不過你。你死也好，活也好，暫且不提。我只問你一個問題，剛才你在亭子裏時，爲什麼不斷向極北方瞭望，並且望了很久？」

「我不願回答你。」

「爲什麼？」

「我如果回答你，你又以爲我是在說笑話了。」

「沒關係，沒關係，你這回儘管說笑話，我絕不怪你。」

我怔了怔，笑起來：

「眞的沒關係？」他猶豫一下，旋即向我走近一步，用低沉的聲音道：「你問我爲什麼向極北方瞭望？——我是在望一個人。」

「一個人？」我又給他弄得莫名其妙。

「一個已經死了的人。」

「你在瞭望一個已經死了的人？」我愈聽愈糊塗了。

「嗯，我在瞭望一個已經死了的人。」

「什麼，大年除夕，你爬好幾十里山路，冒大風雪跑上華山，就爲了深更半夜到落雁峯頂，瞭望一個已經死了的人？」我一面說，一面已經忍不住想笑，但我拚命抑制自己，彎下腰，使腸胃緊張起來。

「是的，我不辭千辛萬苦，大年除夕爬上落雁峯頂，就爲了深更半夜好在這裏瞭望一個已經死了的人！」他很正經的說。

「你爲什麼一定要在落雁峯瞭望，不在玉女峯或是五雲峯眺望呢？」

「因爲落雁峯最高，在這裏，也望得最清楚。」

「這個人死了多少時候了？」

「十年！」

聽了這些，再「瞭望」一下他的一本正經的面孔，我終於再也克制不住了。

「哈！哈！哈！哈！哈！哈！哈！……」

我狂笑著，笑聲震徹雪夜空山，使四周發射迴音。我直笑得流出眼淚鼻涕，幾乎笑斷肚腸子。如果將來我不幸夭亡，在我的短短生命史上，至少會給世界留下一件偉大事蹟，這就是：「一千九百四十二年除夕深夜十二時，某某曾在海拔五千尺之落雁峯頂狂笑三分鐘。」並且，在遺囑上，我一定要人把這兩行字刻在我的墓碑上，以代替墓誌銘。

他一響也不響，等我笑完了，向我點點頭，說一聲：「再會。」

「你到哪裏去？」我慌忙問。

「我要走到懸崖邊緣上，繼續瞭望。」

「瞭望那個已經死了的人？」

「是的。」

「請你原諒我的囉嗦。我眞不懂，一個死了十年的人，怎麼還能望得見呢？」

「你以爲只有活人才望得見，死人就望不見？」

「自然。」

「那你錯了。死人同樣也可以望得見。死人也有活人的能力，他同樣也可以在街上走路，在跳舞場跳舞、喝咖啡、囤積居奇、做生意、發國難財、買空賣空、打麻將、唸經拜佛、拍電報、發表堂皇演說、……」

「照你這樣說，死人和活人沒有分別了。」

「死人和活人本來沒有多大分別，唯一的一點小分別是：死人大腦要比活人的發達一點，因此也聰敏一點。」

「你又在說笑話了。」我又笑起來。

「好，好，算我是說笑話。再會！」

他正要走，我抓住他。

「好，好，不是笑話。不要走。我剛才忘記問你了，你所望的是男人還是女人？」

「當然是女人。一個男人會爬幾十里山路到山頂望男人？」

「那麼，你望見那個女人了嗎？」

「望見了。」

「望見她在哪裏？」

「望見她在靠近北極的地方。」

「靠近北極的地方？你的話眞是越來越神秘了。」我翻起眼睛，狠狠瞪了他幾眼。

「我不僅看見她，還聽見她的聲音。」

「你還聽見她的聲音？」

「是的，我聽見她在冰天雪地裏呼喊的聲音。」

「喊什麼？」

「她在喊：『瓦夏！瓦夏！瓦夏！瓦……』」

「瓦夏是誰？」

「瓦夏是另外一個人的名字。」

他所說的話，我越聽越覺玄妙。我暗想：這種瘋瘋癲癲的話，要讓他一直說下去，還不知道會說到什麼時候。落雁峯的雪夜景緻誠然很美，可是，我渾身卻凍得發抖。再談下去，非凍壞不可。如果我獨自回廟，又不放心，天知道這位怪人在懸崖邊上會演出什麼戲！左思右想，我終於想出一個方法。我驟然問他：

「你歡喜不歡喜汾酒？」

「汾酒？」他的眼珠子登時靈活起來：「那是中國最好的酒，我太歡喜了！」

我更逼緊一步：

「我有汾酒，你喝不喝？」

「你有汾酒？你眞有汾酒？」他親密的抓住我的手。「我喝！我喝！我們馬上就喝！」

不用我多開口，他自動跟我回廟。

我的試探性的計策算是成功了。

四

當初上華山時，我曾經攜帶兩瓶上等汾酒。四個多月中，我只喝了一瓶半，剩下的半瓶，原想在除夕晚飯時痛醉一場，不料竟和這個陌生怪客嘔氣，把這件事忘記了。現在，我和他共坐白色燭光下，實現我預定計劃，也算是守歲，消磨一九四二年除夕。

這時，樓上客堂靜極了，只有我們小酒杯相碰聲在空中響。從厚厚窗玻璃上，反映出皎潔的雪光，把室內照耀得明明亮亮。這樣的深夜，這樣的白白靜靜的雪光，特別現得幽秘、迷人，隱隱的，像有白色幽靈在舞蹈，四射出銀色的光華。透過玻牕，我們可以看見華山雪景的一部分輪廓。這些白色山峯，彷彿是一些白色夢，空靈極了。白色燭閃爍著橘黃光焰，室內的氛圍便襯托得很是溫柔，親切。

我們一面喝酒，一面吃著我所儲存的罐頭紅燒牛肉、黃燜雞塊、花生米，和菠蘿蜜。

「我倒忘記問你了，你貴姓呀？」喝完一杯酒，我問他。

「你何必知道我姓什麼呢？」

「不，你得告訴我，你姓什麼？」

「你願意我姓什麼，就姓什麼吧！」

「你又開玩笑了。」

「那麼，算我姓錢，好不好？」

「你這是什麼意思？」

「『錢』這個姓最有意思了。誰不想和『錢』拉交情呢？」

「一個人的姓，怎麼能隨便扯了用？你究竟姓什麼？」

「你這樣追問我，我眞無從答覆你。在我過去一生中，我至少變更過二十個姓名以上。我究竟告訴你哪一個姓名呢？」

「告訴我你原來的名字。」

「我原本名字已經死了三十年了，我早已忘記了。」他苦笑著，忽然又溫柔的說：「在我一生中，我最甜蜜最幸福的一個時期，是姓林，你就當我姓林吧！」

他問我的名字，我也告訴了他。

「聽你口音，好像是東北人。你是東北人？」我敬了他一杯酒。

他一口氣喝完酒，搖搖頭道：

「你只說對了一半。」

「那麼，你的故鄉？」

「我的故鄉在三十年前就給人賣掉了。」

「賣掉了？」

「嗯，賣得很廉價。」

聽了他的話，我怔了怔，旋即端詳一下他的臉孔，又揣測他的話意，以及他的口音，我突然跳起來道：

「我猜到了，你是鴨綠江對岸的人？」

他點點頭，低首不語，只在喝酒。

發覺他是一個韓國人後，我對他的觀念改變了。我似乎比先前多了解他一些了。我再慢慢咀嚼他說的那些怪話，從這裏面，我似乎得到一點啓示。

我抬起頭，望著他。他的臉孔現出酡紅，並非全是酒力反激起的醉紅，也摻雜感情火燄所燃燒起的血紅色。這時候的他，不再像白天那樣冷酷無情，似已變成另外一個人了。他熱切的喝著酒，彷彿不是爲了刺激，而是爲了澆滅心頭的火。

我心裏想，這是一個飽經滄海的舟子，正如古勒律吉名作「古舟子詠」中的老船伕，在他心靈中，一定蘊藏著豐富的人生寶礦，我何不開採一下？

我從懷中取出錶，看了一下，極懇切的道：

「現在正是一千九百四十三年一月一日一點十三分。一九四二年的除夕已經結束，完全過去了。一九四三年正開始它的第一點鐘。爲了迎接這新的一年，我希望你能贈送我一份新年禮物，作爲我們這次相識的紀念。」

「什麼新年禮物？」他笑著問。

「你先答覆我，肯不肯送？」

「只要我能贈送的，我一定送。」

「你答應了？」

「我答應了。」

「絕不食言？」

「絕不食言！」

「好，我現在請求你送我一點『人生』。」

「什麼『人參』？我們高麗人參雖然著名，我現在卻沒有。」

「不，是人生，『生』活的『生』。」

「好，這回是你跟我開玩笑了。我簡直不懂你的話。」

「坦白說吧，你是一個飽經人生憂患的人。在你的心靈礦藏裏，一定有人生智慧。你冒著風雪上華山，除夕深更半夜登落雁峯頂，向北極瞭望一個已經死了十年的女人，這裏面，一定有一段珍貴的故事。請你告訴我這個故事。」

他沉思了好一會，終於深深嘆了口氣道：

「已經死了的人，何必又從墳墓裏拖出來呢？已經死了的事，我們最好不要提吧！」

「不，你一定得告訴我。你剛才已經答應我了。」我固執的要求著。

他喝了杯酒，慢慢道：

「是的，我已經答應你了。」他右手支頤，傷感的道：「你一定要我說呢，我當然只得說。不過，這卻使我很痛苦。你如果能可憐我呢，最好不要我說」。

「你把傷心事說出來，不也可以得到發洩的快感麼？最低限度，我可以分擔一部分痛苦，比你一個人獨自負擔，不好一點嗎？」我安慰他。

「任何人全不能分擔我的痛苦，正像高山不能分擔海洋的痛苦一樣。至於說『發洩的快感』，那是絕沒有的事。」

「爲什麼沒有？」

「因爲，要我說我自己的故事，等於用刀解剖自己的心，除了一片血腥氣味和痛苦外，還能有什麼呢？」他血紅的眼睛顯示深沉的陰鬱、哀傷。

「不，無論如何，你得告訴我。就算我這一請求是一種殘酷，你也得原諒我。」

我說出最後的話。

他憂鬱的笑了，連喝了兩小杯酒，伸直腰肢，突然很豪壯的道：

「你一定要聽呢，我就講吧！不過，你得答應我三個條件。」

「什麼條件我全能接受。」

「第一，當我講這故事時，你不能插一句話；第二，當我講完後，你不能問一句話；第三，聽完以後，你將來絕不能作爲文章材料，寫一句話。」

對於我，這三個條件太不成問題了。我立刻滿口答應。

他一口氣把燭光吹熄，室內全爲雪光所籠罩，一切呈乳白色，像是一所潔淨的病院。在這片白色空間，他仰坐在黑漆太師椅上，兩手抱膝，全身只現出一個輪廓。我一手支著顋巴，眼睛對著窗外雪山，把自己整個沉浸在一種幽窅神玄的境界中。

一個深沉的聲音在室內響起來，沉重的叩擊我的耳鼓。這似乎不是人的聲音，而是大提琴的一曲獨奏。曲中流瀉出憂鬱而美麗的旋律，悲哀而淒艷的音色。聲音不斷流瀉，佔有我的感官。我像一葉小船，在他的音浪中飄浮著。

五

十年以前，一九三二年，我是「九、一八」後東北抗日名將蘇炳文部下的一名軍官，職務是上校參謀。這年冬季，在中東路札蘭屯和日本軍隊作了最後一次大戰，主力損失殆盡，我們便沿鐵路撤退，直退到滿洲里：中俄兩國邊界。

這時，馬占山李杜兩將軍的部隊，也沿中東路後撤，目的地也是滿洲里。他們在博霍圖及興安里和日寇追擊部隊遭遇，打了最後一仗，完成掩護任務，使主力得以安全抵達滿洲里。

這樣，滿洲里便成爲東北各路義勇軍的匯集中心。自從「九、一八」以後，這些勇敢的戰士們便一直與日寇周旋，只可惜有消耗而無補充，後援不繼，終於不得不作大規模退卻。領導他們撤退的，就是日後由歐洲返國的馬占山李杜蘇炳文幾位將軍。

到了滿洲里，與俄方交涉後，准許我們暫時僑居西伯利亞。當時，日寇用盡各種外交手段，想索回我們這一批人，特別是馬李蘇三位。爲了避免日本政府的意外麻煩，當局便把我們隱藏在西伯利亞的托木斯克，一個偏僻地區。搭火車到那裏，要費一個多星期。

火車從西伯利亞大草原經過，隔著厚厚玻璃窗一望，到處是一片銀白色。無邊無極的冰雪覆蓋一切。瞅著這一片大雪原，我不禁想起這條大鐵路的建築歷史。

據說兩百年前，有一天，彼得大帝在皇宮裡散步，看見陽光從窗外射進來，他忽然想道：「有窗子，才能有陽光和新鮮空氣流進來。我的大帝國正因爲沒有窗子，才這樣的寒冷而陰暗。我必須爲它開一扇窗子。」他所謂「帝國窗子」，就是指一個不凍出海口。

他拿起一幅大地圖，在上面細細研究。他的眼睛向西歐部分看了一會，搖搖頭，嘆一口氣道：「我如果想從波羅的海找一個出海口，現在是沒有我的份了。」他的視線便轉到亞洲部分，終於狠狠盯視著海參崴，這是一個很好的東方不凍出海口。

他得意的笑起來。

才笑了不久，他的臉上就佈起暗影。他憂鬱的望著地圖上的西伯利亞茫茫大草原，想道：「我們怎樣才能通過這萬里無邊的曠野，到達海參崴呢？」

他想了很久，始終想不出辦法。最後，他憤憤拿起一支鵝毛筆，狠狠在那地圖上畫一根藍色直線：從莫斯科直達海參崴。畫完了，他微帶怒意的自言自語道：

「讓我在夢裏從這條直線飛到海參崴吧！」

若干年後，彼得大帝死了。研究皇帝遺稿的人，找到這幅地圖，發現這條藍色直線。他們研究了許久，終於得出一個結論，就是：皇帝一定是夢想實現一條路線直達海參崴。

「不能讓皇帝的夢想失望！」這是大臣們的一致意見。

於是，一百八十年後，這條用鵝毛筆隨便畫在地圖上的藍色直線，終於變成兩條萬里鋼軌——這就是西伯利亞鐵路建築的歷史。

西伯利亞雖冷，卻是一個有趣的地方，我先向你說一段有趣的故事。

你是中國人，一定聽說過東北三寶之一的烏拉草，這種草，在西伯利亞更是無窮無數。幾千年來，它們不斷生長，又不斷死亡。死亡了的草，剩下腐爛的草根，一層又一層的舖在地面上，相互交纏虬結，終於溶化成泥土，構成地表面層。因爲是草根構成的，這地表面層的泥土特別鬆軟，像是一大片數丈厚的海綿體，虛悠悠的懸掛空中，又軟又富有彈性，人走在上面，連幾里外的地方似乎都會震動起來，彷彿在沙發床上跳舞似地。這種情形，在貝加爾湖一帶尤甚，你說有趣不有趣？由此可見：當年建築西伯利亞鐵路的工程師們，是費盡了多少心血，絞盡了多少腦汁，才能克服這一困難呀！

另外還有一說。除了烏拉草外，這裏還有一種滾動草，它在任何天候或陸地全能繁殖，只要一點點沙土和水份就夠了。這種滾動草死去，也能形成地面的彈性。現在，由於種籽偶然傳佈，這種草已經滾動到歐洲與美洲了。

我再對你說一段趣事。

據考古學家與地質學家說，幾萬年前，歐亞連接之區，有一種古代巨象，牠們和冰川同向北方退走，到了西伯利亞，因爲沼地太多，無法前進，經最後掙扎後，終於陷入極度寒冷的泥濘沼地中，在長年不融解的冰雪中凍死。這些巨象，數目極多，雖經幾萬年時間，到現在還被天然的大冰箱保存得很完整。不僅牠們的肉、皮、毛，就是胃裏未消化的食物，也保存得好好的，像一束束的苔、草、菖蒲，以及野麝香草之類，有的甚至還在嘴中未咀嚼過。因此，許多西伯利亞農民發現這些地下巨象後，便割下牠們大塊的紅肉餵狗吃，你說有趣不有趣？

閒話少說，言歸正傳。

經過十多天旅程，（我們搭的是軍車，走得很慢。）我們終於抵達托木斯克了。這是一個極幽僻的區域，西伯利亞鐵路特別設有一條支線，直通這裏，工商業倒還發達。它位居鄂畢河的支流托木河畔，貝加爾湖以西，烏拉爾山脈以東。在西部西伯利亞地區，它可算是靠北極海最近的一個大城市了。如以它的氣候寒冷言，我們即使稱它是北極地帶，也不算過分。

我們光臨托木斯克時，正是冬季，這實在是一件最不走運的事。沒有到過此城的人，你絕不能想像這兒的嚴寒。冬季平均溫度，經常在零下四十多度以下。要形容這種寒冷，用抽象名詞絕不濟事，我現在只向你講兩件小事。

一、有一次，一個兵士兜了一羹匙熱稀飯，走到大門口去吃。他大張開口，把調羹送到嘴裏，放了一下，再想取出來時，它似乎已和舌頭結在一起；他用力一拔，把它取出時，調羹上已濺滿鮮血和碎冰片了。

二、如在戶外吐痰，一塊痰落在地上時，已由黏液體變成冰塊，跌碎在地上，好像一塊磁片。

托木斯克的天氣是這樣冷冽，人們出門時，臉上必須塗一層厚厚凡士林，頭戴一頂厚厚皮帽，身穿厚厚皮大衣，鑲老山羊皮領子，皮上結著暖暖的螺旋狀厚毛，腳登一種「毡疙瘩」。這種靴子，由氈毛縫成，靴腰高高的，靴內是厚厚的皮衣，像一座倒置的奇怪小帽子，掩護腿腳。就是穿這種厚靴，人們在戶外活動的時間，常常還不能超過半小時。過了半小時，地上的冰雪寒氣，就會穿透厚厚靴皮與茂密叢毛，直刺腳心，幾乎使血液逐漸凝滯，終於僵硬麻木。萬一不小心，鬧得重點，一雙腳就會凍壞。為了防禦這一危險，在街上走路，如果路程長一點，就會分幾段完成。走一段，到人家憩一憩，烤烤火，取點暖，等靴子烤暖了，再走。在托木斯克，家家戶戶都帶著笑臉，無條件的歡迎行人進來烤火。不僅是爲了烤暖靴子，也爲了溶化凡士林。戶外行久了，凡士林在臉上結了一層冰，非常不好受，火爐邊一烤，就又恢復滑潤了。

托木斯克雖然這樣冷，風景卻很美麗。它屬於高原地帶，四周盡是山嶺與森林。山與林像海洋起伏，綿延著，異常壯觀。它的城區不是平坦地，從城外遠遠望來，彷彿是山海和林海中的一座孤島。儘管這裏有人家、有炊烟、有燈、有火、有工商業，但在旅行者眼裏，依然是「世界花園」以外的一朵花，一朵無彩無香的花。

托木斯克的最好出產是：馬。這裏的馬常比人個子高。

托木斯克最值得驕傲的，也許是教育。這裏中小學頗多。而且還有國立大學與博物館。幾十年前，據說大文豪托爾斯泰曾在這裏度過一部分寫作生活。爲了傳播他晚年的宗教福音與新理想，他曾在這兒致力於文化事業，給予當地居民以很大影響。因此，這座城又被稱爲西伯利亞的文教中心。

或許受了托爾斯泰的人道主義的影響吧，這裏的某些居民特別和善、仁慈，給外來旅人極好的印象。托爾斯泰的一顆善良的心，似已播種出千萬顆善良的心了。

我們最以爲苦的，就是寒冷。我們人數太多，差不多將近兩萬人。除馬李蘇等統帥可以分配單人房間外，一般官兵所住的房舍，自然很擠。這些房子，俄文叫「巴拉克」，類似營房。上次歐戰時，奧國俘虜就住在這裏。這「巴拉克」一共兩層，建築簡陋，上面一層算是樓，我就寓居樓上。它分隔成幾大間。我算是高級軍官，同室多半是上校級以上，住的人不算多。下面則安頓下級軍官，一個大統間幾乎住四百人。在這樣巨大的營房中，只生兩個小爐子，由小洋油桶製成，裏面燃燒柴火，那熱度實在小得可憐。因此，雖有這兩隻小火爐，室內溫度有時依舊接近零下四十度左右，其冷可知。

有時候，夜裏太冷，我常睡不著覺，終夜坐到天亮，直至太陽出來以後，再行入睡。

這些日子，寒冷已經成爲我們的生活中心。士兵們成天往外跑，上山砍柴木，是爲了取火禦寒。大家白天躲在被子裏，也爲了防冷。有些軍官，帶有眷屬和大量麵粉，太太們整日圍坐爐邊，忙著烙餅，也不過爲了多裝點食物下肚，好抵制寒冷。

寒冷！寒冷！寒冷！寒冷……這兩個字是我們的敵人，也是我們的朋友。說是敵人，因爲我們一天到晚和它打仗。說是朋友，因爲我們除了它、再沒有更親近的存在了。說是朋友，一點也不誇張，它不整天和我們在一起嗎？

前面提到烙餅，我不禁想起一件事。你知道，白天，火爐子是不大空的，經常鬧人滿之患。直至夜晚，才比較清閒點。有幾個人，就專等這個時候，做烙餅。我寄居樓上，半夜要小解，必須下樓，走過火爐邊。烘烙餅的都是熟人，他們見我經過，難免不疑心我以小解爲藉口，希望他們拉我咬幾口烙餅。爲了不叫他們起疑竇，有些夜裏，應該小解時，我常常強行忍耐了，直捱到天亮，才下樓。

有一天，我在日記裏寫了下面幾句話：

「昨天夜裏，有著黑板刷鬍子的胖胖A上校夫婦與T中校夫婦雙雙生病了，沒有在爐邊做烙餅，我得以痛痛快快下樓解一次溲。這是我到托木斯克以來第一件値得大書特書的事。」

除了寒冷，第二件令人發愁的事，就是消息不通。我們好像一些沙丁魚，緊緊密封在罐頭裏，與外面世界斷絕了關係。

我們一群人中，我因懂得俄文，從俄文報上，可以看到一點消息，但其中關於中國或東北的新聞幾乎沒有，至於韓國的訊息，更是石沉大海。這時，中俄還未正式復交，我們寄給關內的信件，全由當局代轉，其可信託的程度，是很有限的。

我們不知道，在這個凜寒的冰雪地帶，還要待多少時候，心裏焉得不急？

爲了排遣煩惱，我常到圖書館消磨日子。這個時期，我讀了不少文藝書籍。我覺得，前途茫茫，自己好似一個已判決死刑的囚犯，正在向法場前進，隨著每一天過去，我離法場更近了。而那個死刑，就是接近瘋狂的絕望，或者就是疾病與死亡。

深夜凍醒，我沉入回憶中。我深深憶念我的祖國，我的在鴨綠江對岸的故鄉。故鄉冬季並不最冷。春天，原野上到處盛開鮮紅的杜鵑花，綺麗得令人不忍回憶。除了上圖書館看書，此外佔據我大部時間的，就是回憶。我常常走入回憶的墳墓，和死人談話，作伴。一個人的日子，只剩下回憶時，雖然夠美，卻也夠苦的，只有老年人愛回憶，因爲，他們所能保有的「將來」，是很少了；只有在「過去」他們才能感到一種驕傲、自滿。我才卅歲左右，怎有勇氣放棄「將來」，完全和「過去」做朋友呢？

我常常陷入痛苦中。

六

那正是一九三二年除夕，一個極冷的夜晚，比今天華山雪夜更冷。將近深夜十點半，我獨自從歌劇院看戲歸來。在出納處，我的衣帽是最後一號，所有觀客都離開時，我才能出門。

我在街上彳亍，把水獺帽深壓在頭上，高高的瑞典狗皮領子直豎起來，連耳朵帶臉一起包進去，只剩下一雙鼻孔透氣。領子裏面，我又用一條厚羊毛圍巾緊裹住脖子，緊得像要上吊。

我的大衣是水獺裡子，面子是光滑的黑色皮毛，它把我裹得像一頭北極熊，笨重的影子投落雪地上，現得陰暗、深沉、孤獨。

戶外一切全似乎睡著了，只有低低的風吼聲。畢竟是除夕，人們大都關在家裏，街面寂無一人一獸，整個托木斯克城彷彿昏睡了。全宇宙彷彿也昏睡了。只剩下我一條孤鬼遊魂還在雪地上行走。我覤著自己的長長黑影，說不出的感到淒涼。

我一面走，一面咀嚼剛才那齣歌劇的劇情。歌劇是「茶花女」，由意大利大歌劇大師凡爾第譜成音樂，劇情可謂極哀感頑艷之能事；目擊茶花女香消玉殞那一場，觀衆少有不落淚的。那悲哀得極其華麗的音樂滲透我的心坎，像海水滲透海沙。

我不禁想起所讀過的那本「茶花女」小說。

當茶花女和阿芒最後一次分別時，她曾說過這樣幾句話：

「只要我還沒有死，我總可以做你的快樂的玩物。無論白天，夜晚，或是什麼時候，只要你想要我，你都可以來，我一定是你的。可是，你千萬不要拿你的將來和我結合，那麼，我們兩人都要不幸。現在，有時候，我還算是個漂亮姑娘，你儘量的玩我吧，此外，不准你再向我要求別的事。」

有幾個活在世上的人，能眞正懂得這幾句話的涵意呢？

曾有人說：「向一個少女作愛情進攻，好像是帶領千軍萬馬攻入一個無人之陣。如果向一個妓女作愛情進攻，則是一個單槍匹馬的英雄攻打一座鋼鐵城堡。」

不過，這「鋼鐵城堡」攻不下來倒還好，萬一攻下來，那結果倒常是悲慘的。

一個妓女很少會眞心愛一個人，假使有一天、她眞正愛上一個人，她只有兩個結局可以選擇：一個是痛苦，一個是死。

我一邊想，一邊走，越想越悲哀，越走越荒涼。

在我四周，一切似乎全死了。

死吞噬了一切。

死！死！死！死！死！死！……

突然，一個聲音從遠處響起來。

起先它很模糊，不久，就愈響愈近。

我模糊的分辨出：是一個尖銳的女人聲音。

「瓦……夏……瓦……夏……瓦……夏……」

的確不錯，是女人的呼喚聲。

接著，是一陣匆促的腳步聲。

腳步聲一直向我這個方向響過來。

腳步聲越響越近，呼喊聲也越喊越近。

當我走快時，腳步聲似乎響得更快。當我走慢時，腳步聲也慢下來。

後面這個人顯然在追我。

這個女人呼喊聲對我是完全陌生的，我不禁好奇起來。一種神秘的感覺，使得我的腳步邁得更快了。當我才走快一點時，後面的腳步聲也更快了。

風低吼著。地面浮雪不少早給風刮跑了，殘賸的一些雪，多半凝結成一重堅硬的透明層，像巨大螃蟹殼子。這堅硬的螃蟹殼，鋪在一條又一條街上，異常結實。我的鞋底擦過街面時，不斷沾染些碎雪，雪片越聚越多，經過不斷的壓力，一部分撞落到地上，一部份則壓得更牢固，緊緊鑲在鞋底上，成爲堅硬的一塊。這硬塊與街面的硬殼子互相撞擊，便敲打起一種粗暴的聲音：

「格哇！格哇！格哇……」

我不斷向前走，並不停下來。

「格哇！格哇！格哇！格哇！格哇！格哇！……」我的腳步聲不斷響在大街上。

後面人正在死追我，腳步聲也是：

「格哇！格哇！格哇！格哇！格哇！……」

一切聲音全死了，街上只有下面兩種聲音：

「瓦……夏……瓦……夏……瓦……夏……」

「格哇！格哇！格哇……」

約莫經過四五分鐘追逐後，後面的足步聲離我只有十幾米了。從這個女人的腳步與呼喚聲的表情裏，我肯定的作了這樣一個判斷：她一定把我誤認做「瓦夏」了。而這個「瓦夏」一定是她的愛人。在俄文中，「瓦夏」是「瓦希利」的暱稱，「瓦希利」則是俄國男性的名字。

發現這樣的秘密後，我一點不動聲色，將計就計，一壁走，一壁逗她，故意裝作正是瓦夏。當她快靠近我時，我笑了一聲，忽然跑起來，一來是為逗她，二來是腳冷，不跑一下，勢必支持不下去。

我這樣一跑時，她簡直是狂奔了。她一面奔，一面嘟嚕著，似乎在詛咒我。直跑到歐拉凡斯特大街中段，腳跑暖了，我才故意把足步放慢下來，有心讓她追上。

「格哇！——格哇！——格哇！——格哇！」

「瓦……夏！瓦……夏！瓦……夏！」

最後一個喊聲拖得特別長，似乎要把她所有聲音都用出來，充滿了喜悅與勝利。我聽得很清楚，一點不錯，這是一個二十歲左右的少女的聲音。

她終於追上我了。

「你這個人！……眞是殘忍，……我飛跑著追趕過來，……你還硬著心腸跑得那麼快！……叫我氣都喘不過來了！……瞧，我的心都要跳炸了！……」

一追上我，她就急喘著氣，又嬌又嗔的埋怨起來。她一面嘟噥，一面把身子湊過來，緊緊貼住我。我一聲不響，輕輕停下腳步，突然猿猴似地舒展右臂，只一抱，便猛力緊箍住她的腰身，再一轉臉，兩片嘴唇立刻膠住了。

這是一個甜得令人可怕的長吻！這是一個溫柔得叫人不能忍受的長吻！不能再甜蜜了！也不能再溫柔了！這個長吻，似乎比一個世紀還長久！她不僅沒有一點退縮，反而熱烈得幾乎使我發抖。她的兩條軟綿綿的臂膀，長春藤似地緊纏住我，越纏越緊，幾乎叫我透不過氣。爲了不叫她失望，我也施出全部力量來擁抱她，好像要把她壓碎似地。這個時候，我們已經不是兩條身子，似乎是一條火紅的凝結體，在雪地裡放射出維蘇威火山般地熱力！

在冷冷的夜風中，在暗藍色的星空下，在白色的雪地上，我們緊緊擁抱著，長吻著，彷彿是原始時代的人。

死寂。

只有夜風的聲音。

幾分鐘過去了，她輕輕放鬆我，抬起頭來，對我嫣然一笑。

還未笑畢，她的臉色忽然變了。她對我的面孔緊緊注視一下，猛然發出一聲怪叫：

「啊！媽媽！媽媽！……您是什麼人？」

她看清我是誰了。她的臉色駭白了。她高聲喊起來。

我對她做了個鬼臉，很幽默的笑著用俄文道：

「我就是您的瓦夏！您不認得我麼？」

我一面說，一面把她抱得更緊了。

她拚命在我懷中掙扎著，亂叫著，像一隻被獵人俘獲的小野獸。

「啊，您不是瓦夏！您不是瓦夏！快放開我！快放開我！……啊，媽媽！媽媽！」

我不放開她，卻半誠懇半嘻皮笑臉的道：

「敬愛的小姐，請您好好想一想，這是您找我，不是我找您呀！您一直在後面追我、喊我，我怎忍心不理您呢？」

「哦，媽媽！媽媽！放開我！放開我！……您不是瓦夏！您不是瓦夏！」

她仍在我懷中掙扎著，亂叫著，異常恐怖。俄國女人遇到沒有辦法時，不是叫上帝，就是叫媽媽。我垂下臉來，故意對她開玩笑道：

「敬愛的小姐，不管我是不是瓦夏，在這樣的深夜裏，在這樣靜的街上，在這樣美的雪地上，我們竟會發生這樣一次巧遇，總算是天緣湊巧。在冥冥中，一定是上帝的意思，上帝的神祕力量，在促成我們的結合，是不是？」

我知道俄國女人最信仰上帝，便發揮了這一套大道理。天知道，有生以來，我連教堂大門檻都沒有踏過。

「不是上帝的意思！不是上帝的意思！您看上帝的面子，饒饒我，放開我吧！」

她一面掙扎，一面大聲喊。

「好，就算不是上帝的意思，那麼，一定也是因爲我長得很像瓦夏了，是不是？要不，您怎會把我當做瓦夏來擁抱呢？我既然長得很像瓦夏，您就把我當做眞瓦夏，也未嘗不可呀！世界上的眞和假原差不多哪！」

「不，不，您不像瓦夏！您不像瓦夏！您一點也不像！……放開我吧！再不放開我，我就要罵您了！您這個人眞是豈有此理。」

這個時候，她已漸漸由昏亂轉爲冷靜，臉色有點凜然不可犯的神氣。

我覺得這個玩笑已開得差不多了，終於放開她的身子，但仍抓住她的肩膀問道：

「小姐，是我豈有此理？還是您豈有此理？是您先追我、喊我、親熱我、麻煩我，並不是我先麻煩您呀！」

「那是我一時看錯人，把您錯當做瓦夏了。」

「那麼您就把我多『錯當』一會瓦夏，也可以呀！人生原有點像演戲，我也可以扮演瓦夏這一角色呀！」

「但是您並不是瓦夏！」

「我雖然不是瓦夏，但不見得不如瓦夏。瞧瞧我這雙粗壯的胳膊，是不是比瓦夏擁抱得更有勁些？瞧瞧我的發燙的嘴唇，是不是比瓦夏吻得更火熱些？瞧瞧我的結實的胸膛，是不是比瓦夏體貼得更舒服點？美麗的姑娘，我這個新瓦夏不會比那個舊瓦夏少給您幸福的。連鞋子穿舊了，都要換新的，更何況是朋友呢？朋友一舊，最沒有意思了。您以爲如何？」

「不管您是新的舊的，我現在要回去了。您先放開手，成不成？假如我不認識您，您這樣冒冒昧昧的拖住我，不害羞嗎？」她的面色，現在充滿嚴肅，幾乎有點拉下臉來的樣子。

我絲毫不現出赧顏，卻用很自然的腔調笑著道：

「多奇怪啊！一個『並不認識』我的女孩子，剛才會這樣不顧一切的拚命抱住我不放，箍得我幾乎透不過氣，把我的嘴唇幾乎壓碎了，究竟該誰害羞呀？」我放開手，向前擺了擺，笑著道：「得了，我不再拖您了，快回去找您的正牌瓦夏吧！我這副牌貨究竟不能叫座！噢，新鞋子到底不如舊鞋子，是不是？」

她忍不住笑了，似乎怕我捲土重來，連忙偷偷向後溜了幾步，又停下來，用天真的口吻道：

「您這個人太不老實，嘴巴子太調皮，不理您了。」

我嘻皮笑臉的對她道：

「天下最可怕的莫過於老實。一個人不妨殺人，卻千萬不要老實。試想想在下如果老實，適才焉能蒙小姐厚愛乎？」

「好，好，又來這一套了！對不起，我要回去了！再會！」

現在，她似乎也漸漸看出我是怎樣的人了，先前的恐怖大半消失，但似乎還怕我糾纏，因此，理了理有點弄亂了的髮鬈，掉轉身子，想走了。

我走過去，收束了嘻皮笑臉的態度，用嚴肅而誠懇的口吻對她道：

「好，小姐，我不再和您說笑話了，讓我們談幾句正經話吧。我要嚴重的警告您：您這樣回去，腳非凍壞不可，您留在雪地上的時間已經太久了。」

接著，我告訴她，我們應該找一個地方烤烤火，暖暖身子。

「現在夜已深，人家的門戶早關緊了，只有歐拉凡斯特大街拐角上有一家小咖啡店，專做夜間生意，我們可以到那裏去烤烤火。」

「我不烤火了，我要回去了，再會！」她的口氣斬釘截鐵，似乎絲毫不能通融。

「您眞的不烤火嗎？」

「眞的不烤了。再會！」

我向她望了一眼，輕輕笑道：

「我們難道就這樣再會麼？最低限度，我們剛才曾經扮演過最熱烈動人的一幕。我們曾經按照世界上最瘋狂的戀人所做的做了。我們難道就這樣死板住面孔分別麼？這與剛才那一幕比起來，未免太煞風景了，太不調和了。」

「那麼，您要怎樣分別呢？」她微微有點恐怖的問我。

「最低限度，我們也該握一握手，才能分別呀！」

「握手？」她吃了一驚。

「我這裏所說的『握手』，純粹是指禮貌上的握手，其中再沒有什麼加油添醬的意思。您儘管放心！」

「我不願意和您握手！」她冷冷的說。

「不是您不願意和我握手，是您不敢和我握手！」我也冷冷的說。

「我不敢？」她被我激動了，突然自動跑過來，氣憤憤的道：「您說我不敢？我偏要和您握一握手再分別。來，我們握手！」

「您眞的敢跟我握手？」我故意裝成蔑視她的樣子。

這回她眞是忍不住了。她忽然抓起我的手，拚命握了一握，幾乎用盡了全身力氣。她一面握，一面道：

「您看我敢不敢！您看我敢不敢！」

等她握完了，我旋即把她的手放下來，溫柔的微笑道：

「您到底是和我握手了。」

她怔了怔，陡然悟解我的意思，不禁有點生氣了：「您這個人太可惡了！」

「您何必生氣呢！我不過爲了要證明：我剛才的話，是極老實的話。我和您握手，純粹爲了禮貌，此外再沒有什麼其他意思。現在，我把您的手放開了，您總可以相信我剛才的話了吧！我們雖然才認識了十幾分鐘，但我極不願意您將來把我當做騙子來回憶的。……好，再會！」

她楞了一楞，豁然深一層了悟我的意思，登時轉怒爲笑，向我望了一望。這一望倒確實含有一點尊敬的成分。

「好，再會！」她輕輕向我擺擺手。

「再會！祝您晚安！」我向她擺擺手。

「再會！祝您晚安！」這幾個字，實在說得溫柔、動人，是從她心坎底流露出來的。

我們分手後，走不幾步，我回轉頭望望她，她也正回頭望我。我於是又向她擺擺手，高聲道：

「再會！祝您晚安！」

「再會！祝您晚安！」她也高聲回答我。

七

走不多久，我的腳冷起來，我在戶外活動的時間，早超過半小時了。剛才因爲捲入一齣令人興奮的喜劇，一緊張，就忘記腳上的寒意了。此刻，熱烈的一幕已經卸幕，街上的朔風向我不斷劈刺，打了幾個寒噤後，腳底的冰冷感覺立刻強猛起來。這附近一帶人家，可能已沉入夢鄉，無法敲門，如果一直回家，至少還得三十幾分鐘，雙足非凍壞不可。唯一的辦法，只有上咖啡館。最近的一爿，在歐拉凡斯特大街拐角，如跑步，三分鐘就到了。不過，這樣一來，我必須倒轉身，走回頭路，實在很不經濟。情形實在迫切，我也顧不得許多了。況且，那少女腳步聲已漸漸消失了，她不會再聽見我的足步，以爲我是在追她的。

我立刻回轉身子，向那小咖啡館走去。

它果然還沒有關門，燈火輝煌，不斷散出熱氣，老遠的就對我發出誘惑。我一口氣衝了過去，好像在野外演習衝鋒白刃戰。

一推門，向裏面張了一眼，我楞住了。

你說我看見什麼？

那位少女正坐在東邊靠牆角上喝咖啡，只有她一個人。她似乎也進來不久。

我楞了一楞，盤算一下，終於若無其事的向裏面走去。

剛邁了幾步，我似乎想起一件事，便連忙踅回來，走到櫃臺邊。

我交了三百盧布給老板，又咬咬他耳朵，低低叮囑幾句。

吩咐完了，我重新向座位走去，揀了個靠東的座子，並不向那少女打招呼。這時，我用皮領子把臉裹得緊緊的，她只顧喝咖啡，一時也沒有看出我是誰。

僕歐把咖啡端來，我呷了一口，偷偷覷她，這時，她好像已開始注意我了。這正是夜半，又是除夕，客人並不多，只有靠南的幾個座子上有人，此外都是空的。因爲人少，每一個新進來的客人，有時容易引起別人注意。

我的臉仍埋藏在大衣領子內，偷偷瞅著她，等她定神看著我時，我突然站起來脫大衣。接著，我故意裝作無心的向她那邊瞄了瞄，一等雙方視線接觸了，我故裝吃驚的樣子，向她輕輕喊道：

「啊，您也在這兒喝咖啡？」

她微笑著，向我點點頭，只哼了一聲，不答。看神情，她似乎很不願意在這兒撞見我，更不願我走過去和她多囉嗦。

我裝做無視她的臉上表情，很自然的走過去，一面走，一面自然的笑著向她道：

「您受凍了吧！今天晚上天氣多冷呀！」

「是的，很冷。」她淡然回答。

她大約以爲我又來和她糾纏，所以故意擺出淡漠的神氣。其實她完全誤會了。我之和她在這裏碰見，原是個偶然。碰見後，我毫無糾纏的意思。我只有一個慾望，就是：細細端詳她一下。

固然不錯，我們在街上不僅碰見了，並且也抱過了，不僅抱過了，甚至也熱吻過了。按理，對她的臉孔，我該相當熟悉了。其實不然。

在街上時，因爲天冷，她的土耳其式白色皮帽子、直壓到眉毛下面，眼睛藏在帽緣陰影裏，一條厚厚白羊毛圍巾連耳朵也包起來，兩頰也小半遮住了。街上的雪都凍成冰，一經行人車馬，踐踏得有點髒，反光也就不很亮。在遠處昏暈的路燈下，暗淡的冰雪光中，我只模糊看出她的身姿婀娜，臉孔輪廓大致還好，卻不全識廬山眞面目。

此刻，我決心好好端詳她一番。我的座子離她太遠，燈光又搖搖晃晃的，看不太清楚，只有和她在一起，坐一會，才能飽覽一通。

懷著這樣目的，我才走過去和她閒扯，打算聊幾句就走開。

可是，我不細細端詳她，倒也罷了，一端詳，天哪！

這是一個美艷得怎樣驚人的少女！

她的大衣、帽子、與圍巾都除去了，整個形象全展現了。

她披著金黃色長長鬈髮，彷彿春天太陽下一田麥浪，光閃閃的。她的眼睛是兩顆藍寶石，比印度藍天還藍，帶夢幻色彩。她的鵝蛋臉白白的，眉毛黑黑的，鼻子高高的，沒有一樣，不富於雕刻的均勻、和諧，幾乎就是一尊古代女神的面部浮雕。她的身材苗條而修長，像一個有訓練的舞蹈家，每一波姿態、動作全表現一派溫柔、調協，散溢音樂的旋律與節奏。

她靜坐在淡藍色燈光下，又天眞又莊重的向我凝睇，眞似希臘古磁皿上的一幅畫像。

我被她的瑰麗迷住了。它完全超出我的預料。在街頭擁抱她時，我最多不過以爲她只是一個「略具姿色」的少女而已。

是這樣一個佳人，我先前竟已親過芳澤，和她很溫存了一陣子，這該是我怎樣大的幸運！

是這樣一個美女，我雖已親過芳澤，轉瞬間卻又失去了，並且是永遠失去了，這又是我怎樣大的不幸！

這樣一想，對那位看不見碰不著的瓦夏，我不禁嫉妒起來。我暗想，他是怎樣一個鬼！居然得到這樣一個美人。他既得到她，就該守著她呀！爲什麼又偶然迷失她，叫她把我張冠李戴，誤認作是他，演了剛才那樣銷魂的一幕。

很快的，我打定主意。

我一眼看出來，她臉上的「霜氣」與莊重，是故意裝出來的，絕不是她的本來面目。她的原貌，我剛才早領教過了。

我故裝若無其事，很輕鬆的向她道：

「我絕沒有想到會在這兒遇見您，這眞是太巧了。我本打算回家的，走了一節路，腳凍得要命，附近又沒有地方取暖，我只好暫時到這裏來暖一暖，沒想到會遇見您。」說了上面一段話，見她臉上「霜氣」仍重，我便又輕鬆的加了幾句：「我雖然說這些話，來解釋我們在這裏的巧遇，但您一定不相信。您一定以爲我是故意來找您麻煩的，是不是？要是這樣，那我實在太抱歉了。剛才在街上，您固然認錯了我，但我實在也有點認錯了您，所以才發生那樣一件很魯莽很不禮貌的事。實在太對不住您了。希望您別生氣，多多原諒我。好，再見。」

我大大方方的說完話，便向她鞠了一躬，打算告退。

她聽見我這樣一說，倒似乎有點不好意思了，微微紅臉道：

「先生，您誤會了，我沒有這個意思。請您坐下吧！」

我裝出謙讓的樣子，很客套了幾句，但不待她二次催促，就在她對面坐定了。我不斷偷偷端詳她，她實在長得太美了。

當我看她時，她也不斷偷偷看我。我的外形本來就不算太壞。我有魁梧結實的身子，端正的臉輪廓，明亮的眼睛，整潔雅緻的衣服。不過，這些都不算什麼，眞使一個有靈魂的女人對你獲得「印象」的，卻是另外一些因素，這些，剛才在大街上，顯然已給了她一些「印象」了。從她分手後頻頻回顧這件小事，不難看出這些「印象」在她身上的象徵性的反應。

一坐下，相互一客氣，一板起面孔，雙方倒似乎有點枯窘，無話可談了。

好容易我才打破僵局。我微笑道：

「人與人的相遇，多麼偶然。我們中國人形容新朋友相識，有一句俗話，叫做『萍水相逢』；意思是：人與人的相遇，像水面上的浮萍邂逅一樣。我覺得這形容還不夠。人與人的相遇，簡直像兩顆流星在天空邂逅一樣。您以爲如何？」

她笑了。還沒笑完，她似乎想起一件事，忽然問我道：

「先生，您是中國人？」我點點頭。

她怔了怔，想了一下，豁然大悟。

「哦！我想起來了，您住在拉吉勒收容所，和馬占山將軍一道來的，是不是？」

我又點點頭。

她登時對我發生興趣，態度大大改變。

本來，我們這一群人由東北初來時，本地人全當做抗日民族英雄看待，頗爲崇拜。西洋人對勇敢的好男兒總是崇拜的。少女對我發生興趣，並不是偶然的。

我索性跑回去，把一杯咖啡端過來，和她坐在一起。

我笑起來。

她問我爲什麼笑？

我說：

「我們相識幾乎有一點鐘了，甚至做了最親熱的表示了，但我們相互的姓名還不知道呢！您說好笑不好笑？」

她不僅笑了，臉也紅了。她似乎還有點怕提剛才街上的事。

我們交換了姓名。她叫奧蕾利亞，在一個女子中學教文學，家裏只有一位母親。

我告訴她，我姓林，是馬占山的上校高級參謀。

在西洋人眼中，上校是高軍階，她在態度上顯然又有了點改變：對我簡直有點肅然起敬了。

「您這樣年輕，就當了上校，眞是——天才！我們這裏的上校，胸前差不多都有一蓬白鬍鬚呢！」她笑著說。

「我們那裏，像我這樣的『天才』，滿街到處都是，那是一個奇異的國家。」

她抿著嘴笑了。

「您大約很討厭軍人吧？軍人常與您所歡喜的文學相反。不過，我也是個歡喜文學的人。」

「您愛文學？」她眼睛睁得大大的。

「是的，我愛文學，特別是舊俄文學。」

「您的俄文說得眞好，幾乎和俄國人沒有分別。」她帶點誇讚的神氣。

「我因爲在哈爾濱住了許久，學過俄文，又歡喜看俄文小說，才能勉強說兩句。我一定說得很壞，您別笑話我。」

「您太客氣了！您的俄文確實說得不壞。」

「在舊俄文學裏，您是不是最愛屠格涅夫？」

「何以見得？」

「年輕的女孩子們，總愛把屠格涅夫的小說藏在口袋裏。她的作品大多寫年輕人的故事。」

「不，我歡喜杜斯妥也夫斯基。」

「爲什麼？」

「因爲他的作品裏創造了一些並不偉大的人物。」她加了一句。「您以爲偉大人物對於人類是必要的麼？」

「正相反。」

她好奇的瞅望我。

我向她解釋：

「如果世界上全是偉大人物，人類非毀滅不可。」

「您又在說笑話了。」

「一點不是笑話。」

「爲什麼？」

「我現在問您：耶穌算不算是世界上最偉大的人物？」

「當然是。」

「如果個個人都是耶穌，人類非滅亡不可。」

「什麼理由？」

「您不知道，耶穌是一輩子獨身，沒有結婚嗎？如果個個人學耶穌，人類豈不絕種？」

她忍不住笑了。

她看看錶，站起來。

「我該走了，不早了。」

我告訴她，她的帳我已付了。

她先是不答應，繼而不相信：

「您什麼時候付的？您一直沒有離開桌子呀！」

我低聲向她說了個笑話：

「我一個人可以變成雙體人：一個在這裏陪您談話，另一個卻偷偷去付帳。」

她又笑了。但還是不相信。

到了櫃臺邊，見我果然付過帳，她弄得有點莫名其妙。西人上館子，大多各付各的，就是由一個人會帳，也是當友人面前算清，像中國人一進門，就偷偷摸摸付款，唯恐友人看見，這種巧妙手法，外國人絕想不到。

「今天眞得謝謝您，您太破費了。」

她告訴我，她們學校教職員發藍色咖啡券，用來喝咖啡，只合六七毛錢一杯。我們外國人以現款付帳，則合五六十個盧布，相差八九十倍，未免太不合算了。她一壁說，一壁很抱歉似地。

本來，俄國一些商店對外來旅客，一直帶著敲竹槓性質，好吸收美金現款。今天奧蕾利亞的帳，我本無代付必要，但爲了顯示友誼，我終於這樣做了。

出了大門，我一定要送她回去。這樣深的夜，讓她獨自回家，我實在不放心。

她無論如何不肯，說我如果送她，必耽誤我自己路程。

我說：我的路程沒有什麼，我是個男人，走路是很方便的；她是女孩子，情形不同了。

「不管您怎麼說，我送您是送定了。這是我的責任，也是我的義務。如果不能完成責任、義務，將有背於我的軍人身分。」

她見我詞嚴義正，無話可辯，不開口了。

我們默默走了一截路，我輕輕問她：

「您冷不冷？」

她說：微微有點冷，因爲夜太深了。

「您呢？」

「我不但不冷，還熱得怪不舒服。」

她懷疑的望了望我。

我低低向她解釋：

「和您在一起，我覺得，這個北極嚴冬似乎變成印度夏季，一切很熱。連北風與冰雪也是熱火火的。」

她似乎有點感動，輕輕道：

「您眞會說話呀！我很少遇見過這樣會說話的人。」

「您知道，我今天爲什麼這樣會說話？」

她搖搖頭。

「您或許不信。平常朋友們沒有不笑我口才笨拙，都說我是貓頭鷹，今夜，不知道是怎麼回事，舌頭好像被上帝改造一遍，貓頭鷹彷彿暫時變成夜鶯。這個，我應該感謝您。」

我嘆了口氣。

她陷入沉思中。

我們轉過幾條街，終於在班白吉爾考斯街的一條巷子口停住了。

「將來還有再見的機會麼？」我有點傷感。

「也許有吧！」她沉思著。

「在街上再見面的時候，如果向您打招呼，您會不會理我呢？」

「我想我還不至於這樣不近人情吧！」她輕輕笑著。

「那麼，明天下午四點，我到您學校來參觀，好不好？」

她躊躇著。

「您大約不願意再看見我了，是不是？」

她不再躊躇，肯定的道：

「明天下午四點，您在學校門口等我。再會，您快點回去吧！」

「再會！祝您夜安。」

我走不幾步，又停下來。

這時，黑暗中響起敲門的聲音，女孩子在喊著：「媽媽！媽媽！」

門開了，燈光中現出一個高高的白髮老婦。

少女魚一樣的溜進門。快入門時，她伸出一隻右手，擺動了一下，意思是要我走開些，別讓她的母親看見。

我悄悄在黑暗中走開了。我再回頭時，少女與老婦都沒有了。只有關門的聲音，很響。

歸途上，我又回咖啡館坐了一會。返收容所時，已逾兩點。我一夜沒有闔眼。

八

第二天是元旦，街上人多。我穿過一簇簇人叢，跑到奧蕾利亞那個T中學門口，在門外等她，這時才下午三點半左右。

我是激動、興奮，好像就要邁往一片新的土地。每一個路人由我經過時，我都向他（她）們抛出喜悅的眼色，似乎說：「朋友們，我是一隻金黃色蜜蜂，釀製了過多的蜜，請你們來分享吧！」

T中學附近是一家攝影店，玻璃窗中，陳列一些美麗的畫片與攝影名著。有一幅居然是珂羅版的果根名畫「泰什蒂島的女子」。畫中顯出明藍的天，雜亂的叢草，搖著翠綠色葉子的棕櫚樹，樹身是棕黃色，樹下面，坐著一個金棕色的裸體女子，是泰什蒂島土人。這是一幅原始風土畫，畫面閃射極刺激的蠻艷。果根是後期印象派大師。他把一生心血都澆灌在泰什蒂。爲了追求單純的原始境界，他與此島土人打成一片，娶土女爲妻。他憎厭巴黎大都市的墮落文明，寧生活於未開化的土人群。

看了這幅畫，生命裏的偶然成分，不禁使我震顫起來。一個人的生命的消耗方式，純粹是一種偶然。果根是偶然到達泰什蒂島，竟必然愛上它，更必然把自己的藝術生命消耗於它。

冰天雪地之夜，我從歌劇院歸來，狹路相逢，與奧蕾利亞邂逅，又何嘗不是偶然？誰又知道：這個偶然將來會產生怎樣的必然結局？

我一面想，一面看錶，已經四點廿分了。

「咦，她怎麼還不出來呢？」

「她該不會騙我吧？」

我繼續等下去。

一直等到五點左右。

我忍不住了，跑去問學校門房：奧蕾利亞小姐在不在？

那鼻子通紅的俄國老頭子瞪瞪我，說她今天一下午都沒有來。他一面說，一面好奇的瞅著我。

老頭子的話，似一盆冷水，把我從大夢中潑醒。

按理呢，我認識她還不到一天，原不能對她有所苛求，更不配嚴厲責備她。我所唯一不痛快的是：她不該失信。

她既然答應我，今天在校門口會面，就不該叫我白等了半天。

男性自尊心使我不能不有點氣憤，但我又不以爲她是在騙我。第一、她沒有騙我的必要，她要是不滿意我，儘可以在敷衍一番之後，再擺脫我；第二、昨天她答應我時，態度極誠懇，不像要騙我或拿我開玩笑的樣子；第三，昨夜無論在態度上、說話上、行動上，她都不像太討厭我。特別是，她走出咖啡館，向我望了一眼，及走進家門後，向我擺擺手，更蘊藏了一些情感成份。

可是，她爲什麼害我白等這半天呢？

難道臨時有什麼事嗎？

如果有什麼事，她應該在門房留一句話啊！

我左思右想，總想不通這個道理。

終於，我自安自慰，世界上的事原很偶然，我和她偶然相遇，又偶然相別，甚至此後在大街上相遇，誰也不會再認識誰，也是可能的，我又何必爲這些事煩惱呢？

這樣一想，我滿肚皮的不快，都消失了。

不過，自尊心受傷害，並不是完全可以立刻忘記的。這一天，我回到家裏，依然有點隱隱的不舒服，隨著胡思亂想，它逐漸愈來愈厲害。

一夜裏，翻來覆去，一直睡不著。我越想越氣，愈想愈懊惱。一個人的感情，眞是奇怪。理智上，我對自己不只說了一百遍，不該生她氣，也不配生她氣，但感情卻始終沉不下來。男性自尊心要求報復。

「是的，我必須向她報復！」

我不斷重複這幾句話。

決定向她報復後，情緒倒安定下來。

翌日，一個晌晴天，陽光閃爍，下午四點欠十分，我又到了T中學門口，決定進去找她。會見她以後，我決定只說下面一段話：

「尊敬的奧蕾利亞小姐，昨天下午四點鐘，我遵照您的約，到這裏來了，我一直等到五點多鐘，卻始終沒有看見大駕。後來聽門房說：您昨天整個下午都沒有來。您眞是一個守信用的女子。我今天來，特別向您這一點致敬！再會！」

說完上面這段話，我將望也不望她一眼，就回轉頭，拂袖而去。

我一定要這樣做，並且做得極冷酷。

不知不覺，已走到T中學門口。

正想去門房那裏通報，一個人突然在我後面打招呼。

我回頭看了一眼，不禁怔住了。

正是奧蕾利亞！

她滿面紅撲撲的笑容，走近我。還不待我開口，她就表示極度抱歉：

「昨天眞太對不住您，叫您空等了。這件事，發生得太湊巧了，說起來，或許您不會相信。昨兒因爲是元旦，下午三點，學校當局臨時派我做代表，出席本市一個很重要的婦女會議。我沒法推辭，就留一個條子說明情形，交給門房，告訴他：如果有人來找我，就把條子給他看。誰知門房弄錯了。他見您是中國人，就沒有給您看條子。他總以爲我的朋友都應該是俄國人。今天我知道這件事，覺得太——太對不起您！您——您不會生我的氣吧！」

說到這裏，她溫柔的溜我一眼，面孔微赧，顯出眞誠的歉意。

眞奇怪，我一整夜的預定計劃，竟崩雪似地，完全崩潰了。她說話的語氣，是那樣誠摯，不由得我不信。

另外一個理由，（這或許是主要理由），使我不得不面臨崩雪的是：她的儀表委實太動人了。前晚在咖啡館所看見的她，風度固然叫人折服，可此刻的她，卻更令人賞心悅目。她整個丰采，在燈光下面，還有點朦朧、在白晝的晴光中，卻像黎明的太陽，光芒四射，一片燦爛。

她穿一條法藍絨長裙子，法藍絨的坎肩，外罩一襲淺灰色皮大衣，頭上仍戴著那頂銀色土耳其皮帽子，頸上繞了一條猩紅色大圍巾，長長的反搭拉在髮後。這一身銀紅灰藍四色裝束，配著她那白白的鵝蛋臉，閃電一樣的藍色大眸子，簾子似的長長黑睫毛，雕刻般地臉輪廓，銀杏樹型的苗條身段，——唉，我怎樣形容才好呢？

我楞了一會，終於輕輕笑著道：

「我本來倒想生您的氣，現在不生了。」

「爲什麼？」她微笑著。

「不爲什麼。——就是這麼一回事。」我低下頭。「假如我按眞實回答您，那倒未免有點可笑了。」

「嗯？」她不微笑了，沉思。

我似乎自言自語：「眞怪，在如此短的時間，一個人竟會有那些怪想頭。」

她裝作未聽清我的話，冷靜的道：

「可我眞得向您道歉。」

「應該是我向您道歉。昨天，我沒有判斷您一定會留條子，主動去探詢傳達，反而攪起您一大陣子不安，像粗心的東風，吹皺一池寧靜春水。這是客人對主人的一種不禮貌。我不該向您正式道歉麼？」

「您眞會開玩笑！」

我笑著，終於很輕鬆的道：

「好，昨天的事，就用我這個『玩笑』結束吧，不許再提一個字。不過——」我的態度忽然認眞起來。「我要罰您一下。」

「罰我什麼？」

停頓一下，我故意很謙虛的道：

「罰您陪我參觀貴校一次。」

她忍不住微笑起來。

九

T中學設備平平，與其說是參觀學校，倒不如說是爲了「參觀」奧蕾利亞本人。我乘參觀的機會，東拉西扯，和她有一搭沒一搭的談。我不斷觀察她的言語動作。我發現，她招待得特別熱心，凡我所提出來的問題，她都特別詳細的解答，唯恐我有一絲一毫的疑團。

參觀完了，我要請她喝一杯咖啡。

她說：今天她是主人，我是客人。得由她做主人。否則，她不去。

她又說：她用咖啡券喝，不過幾毛錢一杯。如果由我請客，那太破費了。

我的目的，不過是找機會和她多談談。我請她或她請我，都沒有什麼大關係。我便聽她。

我們又蹓到前晚的那家咖啡店。

我提議，仍揀靠東邊牆角上那兩個老位置。

她問我爲什麼。

我們坐下來。

「我的理由有三。第一，這個位置靠東邊，東邊是太陽升起來的地方，坐在這兒，好像是和太陽坐在一起，心頭說不出的溫暖，光亮。實際上呢，在我眼睛裏，您就是一輪太陽。第二，這個位置是在牆角落，地球上許多美麗的事，常發生在牆角落。這兒，又籠罩一份蔭影，好像橡樹蔭，容易引起人的夢想。第三，這兒是我們第一次相識的地方，在街上，我們不能算是認識，那時，我們互相還不知道名字哪！我想，以後我們不進咖啡館則已，否則，一定要到這一家，並且，佔據這個老位置，這樣做，會引起一點美麗的回憶。」

她輕輕笑起來。

「眞奇怪，您的談吐，一點不像軍人，倒像詩人哪！」她用神秘的眼色瞪瞪我。

「一個軍人難道不能兼一個詩人麼？」

「軍人與詩人似乎是相反的存在。」

「一個好軍人，也是個好詩人。所謂詩人，是指那些對生命最具有深刻理解力的人。軍人在火線上，幾乎每一秒都在生與死之間徘徊，對於生命他天然的具有深刻理解力。」

「不過，一般軍人並不如此。」

「不是他們不能如此，是不願如此。古往今來，願意兼任詩人的，只有兩個人。」

「哪兩個？」

「一個是拿破崙，一個是我。拿破崙一生太走運，太有辦法了，所以非兼爲詩人不可。我呢，一生太不走運，太沒辦法了，所以也非兼做詩人不可。」

僕歐把咖啡茶點拿來了。

我喝了口咖啡，抬起頭望著她。

「前天晚上，和您分手以後，您知道我做了些什麼？」

她搖搖頭。

「我又跑回來，獨坐了一個鐘頭。」

「爲了喝咖啡？」

「不，爲了想。」

「想？」

「想！」

她沉默了好一會，低低問。

「想什麼？」

「想明年此日，我會不會坐在中國南方或北方的一座古老瓦屋的窗下喝茶，想今年此日和您相遇？以及您這件淺灰色皮大衣上的一顆灰色大鈕扣？想您會不會坐在托木斯克一家咖啡館裏喝咖啡，在想我這件黑大衣上的一粒黑色大鈕扣？」

她又默了一會，低低問。

「不能少想點？」

我搖搖頭。

「我們看見牛馬被農人鞭打得很可憐，會發生一個疑問：牠們不能離開主人，逃往荒野裏去麼？牠們偏偏就不能逃。人其實和皮鞭下的牛馬沒有多大分別。」

她沉思起來。

她終於嘆了口氣。

「您的話似乎過火了。人生並不都是可怕的。」

我搖搖頭。

「一點也不過火。別人的經歷我不敢說。按我自己的經歷，人生確是可怕的。」

「爲什麼？」

「我不願意說理由。我只想談一個事實。」

她的眸子掠過我。

我莊重的道：

「奧蕾利亞小姐，坦白告訴您吧：在我一生中，我只遇見一件不可怕的事。」

「什麼事？」

「我們的相遇。」

她沉默。好一會，才輕輕道：

「林先生，您把人生看得太嚴重了。」

「您以爲把人生看得不嚴重，可能麼？」

「可能。」

「現在我向您作一個並不嚴重的請求：明晚我請您到小歌劇院看『茶花女』，好不好？」

「這——」

她躊躇起來。

我大笑。

「好，我剛才的話，您總可以相信了吧？」

她微笑著，毅然道：

「我，我也可以應您的邀請。只是，我們剛認識不久，我覺得不該太冒昧……。」

我微笑起來。

「您這樣說法，還是把人生看得太嚴重了。」我笑著道：「您還有點不坦白。」

「不坦白？」

「您剛才所說的，並不是您本心話。您其實想說：『先生，請您別再糾纏我吧！』」

她臉孔登時紅起來，垂下美麗的頭，低低的，誠懇的道：

「林先生，您誤會了。我絲毫沒有這種意思。我，我很願意陪您看『茶花女』。」

「那麼，這就說定了，明晚我在歌劇院門口等您。」

十

翌日晚上，奧蕾利亞打扮得一身新。我第一眼就看出來，她完全是爲我打扮的。

茶花女歌劇，除夕我已看過了，但托木斯克歌劇院，只此一家，除了它，再沒有地方欣賞古典歌劇了。

歌劇與小仲馬的「茶花女」小說及劇本略有出入，但原來的故事太哀感頑艷，不管怎樣修改，還是動人。製譜者是歌劇大宗師凡爾第，音樂像滿含薔薇花香的春風，充滿了一種說不出的魔力。

茶花女與阿弗銳分別後，相思纏綿，唱起「夢裏情人」。這支歌曲，是西洋歌劇名歌之一。

茶花女優美的唱著：

「…………

儂心堅似鐵，

何能動吾情！
奇者個郎語，
竟爾鐫儂心。
環座皆俗物，
寧勿令人憎！
吁嗟乎，
章臺走馬王孫多，
風塵知己君一人！」

我轉臉望了望奧蕾利亞，像星星望星星。

她也回望我，像綠水蓮花望蓮花。

隨劇情發展，悲劇味一點點加重。關於茶花女的故事，我相信你背得比我還熟，我不重述了。

當茶花女纏綿病榻，瀕死之際，她唱了「再會啊，光明的前途！」

「吁嗟乎，
築予薔薇之宮兮，
惜其藩已消。

備予光明之前途兮，
嗟無福以逍遙！
……………
失戀兮，
情天有幸而能重補兮。
予神已疲兮，
何來靈芝以續命？
……………
嗟彼遊子兮，
慰撫來何其晚？
黃土一坯兮，
恨紅顏之命薄。
……………」

這首短歌凄豔極了，聽這樣哀婉的音樂，再看看病榻上茶花女的憔悴孤零的姿影，不少觀衆落淚了。

奧蕾利亞輕輕啜泣。

我不由自己的握住她的手。

她抬起淚水盈盈的眼睛，瞄了我一眼。

她沒有撤回手。

看完戲，又回到那爿咖啡館，依舊是東邊靠牆角的老位置。已是夜十時半左右，客人不多。四壁藍色燈光現得分外靜謐、柔和，像春末的凋殘花朵。

有好一會，我們沒有說一句話。

我看看她的臉色沉靜、嚴肅，眼圈子還有點紅。

我微微笑著。在戲院裏時，我就這樣微笑著。

喝完半杯熱咖啡，她透出一點生氣，帶著莊重的神氣道：

「我眞不懂，看完這樣一齣悲劇後，您還有勇氣這樣微笑。」

「您以爲非流淚不可麼？」

「當然要流淚。」

「鱷魚最善於流淚，牠要吃人以前，總要先流一次眼淚。」

「鱷魚和茶花女有什麼關係？」

「我所說的鱷魚，不一定指水邊的鱷魚，就在今天的歌劇院！甚至在我們旁邊座位上，可能也有鱷魚！」

「……………」

我投了一塊糖果到嘴裏。

「無論在巴黎或紐約的大劇院裏，都有很多鱷魚在看『茶花女』、或『蝴蝶夫人』、或『浮士德』。他們不僅流淚，並且還哭。不過，這流淚痛哭和台上所演的歌劇一樣，演完就算。這以後，鱷魚還是幹本行，把別的動物或小孩子當糧食，吞吃到肚子裏。牠一面這樣做，一面就流淚，因此，人們便給他一個稱號：『慈善家』。」

她笑起來。

「您眞會說笑話。」她鎭靜的道：「您這些話，並不是看完悲劇以後必須微笑的理由。」

「一定要我說理由？」

我喝了口咖啡，莊重的道：

「我的理由很多，現在只告訴您一個：『茶花女』歌劇演得並不算很好。」

她不開口，等待我繼續說。

「歌劇的『歌』的部分，音樂的部分，或許是成功了。我們的聽覺感官，確實沉迷在一片魅人的音樂大流體中。但『劇』的部分或許失敗了。我們的視覺感官相當難堪，與聽覺感官並不完全協調。」

「爲什麼？」

「您聽不出來，茶花女臨死之際，唱了一支歌，叫做『再會啊，光明的前途！』實在唱得不錯；可是，一個瀕死的病人，一個肺病第三期，奄奄一息的病人，哪有那樣充沛飽滿的精力，唱那樣一支歌？這不是完全不符實際麼？」

她點點頭。

「嚴格說來，歌劇是不能成立的，如果顧到『歌』，『劇』可能要失敗；如果顧到『劇』，『歌』可能就要失敗。」

她點點頭。

我繼續道：

「更嚴格說來，悲劇也不能成立。有『悲』，就沒有『劇』，有『劇』就沒有『悲』。」

「您這幾句話，我倒不明白。」

「眞正的悲劇，只能讀劇本，不能在台上演。」

「爲什麼？」

「如果要演出，非發生人命案子不可。」

「您又在說笑話了。」

「不，我絕沒有說笑話。像『茶花女』這種悲劇，如果我是女人，我扮演茶花女時，只有在一種情形下，我才願意上演。」

「在什麼情形下？」

「當我想自殺的時候。」

「自殺？」她眼睛睜得大大的。

「是的，只有決心自殺的時候，我才願扮演茶花女。」我笑著。

「您的話眞怪。」她也笑著說。

「一點也不怪。一個眞正的絕頂好演員扮演茶花女，演到茶花女臨終一場，她非死不可。如果不死，就證明她演得不眞。所以，我常常想，自有茶花女這個劇本以來，所有演過茶花女的女演員，都算不得好演員。至於在茶花女臨死之際，還要用元氣十足的嗓子大唱「再會吧，光明的前途！」的事，簡直是和劇本開玩笑。因此，我覺得，這不但不是悲劇，簡直就是喜劇。所以，我非微笑不可。」

「您的見解倒值得玩味！」她輕輕說。

「從前美國好萊塢有一部電影，叫做『最後的命運』，男主角是一個白俄流浪者。這部片子有一個緊張的場面，就是：男主角在受到一個意外大刺激時，他昏厥過去了。

這個白俄流浪者演到這一場時，他眞的昏厥過去，從此再沒有醒過來。他死了！」我停了停，沉思道：「在世界電影發展史上，我們如果要選一個最偉大的男明星，只有這個白俄流浪者才有資格當選。像什麼考爾門、卓別麟、克拉克蓋勃爾等等，還差一截。」

「照您這麼說，演戲不是一件很危險的事？」

「自然很危險，所以，一個人最好不要演戲。」

她向我輕輕瞪了一眼。

「您相信不相信，我是一個會演戲的人？」

「您不僅會演戲，而且一天到晚在演戲！」她帶點諷刺的微笑了。

「您已經看出來，我現在對您也是演戲？」

「有點像。又有點不像。」

「要不要我替您這兩句話註解？」

「註解？」

「您說『有點像』，是指我正在向您演戲。『又有點不像』，是指您沒有意思陪我演戲？」

她臉孔有點紅，垂下頭來。

我從咖啡座子下伸過右手，暗暗緊握住她的一隻手，低低抱歉道：

「眞抱歉，我怕我說得有點過火了。您心中大約這樣想：『先生，您太愛耍心機了，我有點怕，我現在的處境眞難，理您固然不好，不理您似乎也不好。……』」

她紅著臉微笑，一直讓我緊握住她的手。

我笑著道：

「您應該小小高興。我所用在您身上的心機，只不過爲了完成一個希望。」

「什麼希望？」

「希望您能生活得幸福點、美麗點。」

我把她的手握得更緊一點，雙眼箭鏃樣注視她。

她臉上顯出激動的樣子。

我撒開她的手，站起來，輕鬆的笑著道：

「好，時間不早了，今天我們的戲算是演完了。我如果一直用這種穩健的態度，像用時速三十英里駕駛一輛福特汽車，向您演戲，您不會害怕吧？」

她忍不住笑了。

「奧蕾利亞小姐，您是不是覺得很有意思？我們不過僅僅認識了三天，就談了這麼多問題。上自天文，下至地理，大事小事，人生與戀愛，藝術與哲學，無不談到。

我們從茶花女談到鱷魚，從哭談到笑，從自殺談到演戲。……世界上任何一對相識才三天的男女，我不相信會談這麼許多問題。我們談得像三十年老朋友一樣，多有意思！」

她不開口，只是笑。

這一晚的咖啡帳，是她付的。

不管她的反對，我一直送她回家。臨分手時，我告訴她，明天是星期日，下午兩點，我直接去看她，拜訪她的母親。

「我知道您對我這個請求是不高興的。但我還是請求了，並且代您批准了。放心吧！我所演的戲，一直是穩健的。我絕不會用時速七十英里開福特汽車！」

二

我當眞準時叩奧蕾利亞的大門，帶了一個大紙包。

門開了，一位高而胖的白髮婦人出現在我面前，約五十多歲。我一眼就猜出，她正是我女朋友的母親。

老婦人大約已聽到女兒說起我，滿面堆笑，和藹的道：

「是林先生嗎？請進來坐吧！她還在樓上，我去叫她下來。」

才入客室，一陣匆促的樓梯聲響起來，奧蕾利亞黑蝴蝶似地翩翩飛下來。

她的鵝蛋形的臉上新敷一層薄薄脂粉，流露出新鮮的光彩。她金黃色的髮鬈似乎剛膏沐過不久，梳扮得整潔而瑰麗。她繫一襲墨黑的百褶長裙，上穿黑色長袖絨線衫，敞著紫紅色絨襯衫領口。這一身黑色裝束，我發現先前所沒有窺見的美緻，一種莊重的美！眞是高貴嫻雅，儀態萬方。

我努力使自己鎮定下來，把手上大紙包交給她。

「按照我們東方人習慣，或者說是中國人習慣，一個人新認識一個朋友，第一次到她家裏作客，他必須帶點禮物，才算合乎禮貌。因此，今天我給您的母親帶來一點東西。照你們西方人習慣，這或許不很合適。但我，希望暫且按我們東方人規矩，這樣，我才可以很愉快很自由的在這裏做客。」

這套外交詞令背完後，老婦人忍不住笑起來，她擺動著高而胖的身軀，慈母似地，抓住我的臂膀，搖了搖道：

「常聽人說，中國人是一個最客氣最講究禮節的民族，所有中國人都是『客氣專家』，今天果然得到證明。林先生的餽贈，我們本不能接受，您既然一定希望我們暫時遵守東方人的習慣，只好遵命。不過，下一次來時，請千萬不要再運用這種『東方習慣』了。」

老婦人說完，我們都笑起來。

談話從笑聲中開始，愉快而活潑。

這時，五年計劃才開始，當地人民生活很不寬裕，日常食品相當困苦。比較好的食物，都以高價賣給外來旅行者，換取美金，本地人不容易享受到。明白了此中甘苦，我特別選購一些較精緻的食品，像牛油、臘腸、火腿、罐頭、沙丁魚、巧克力糖等類。不用說，她們很久沒有吃到這些好東西了。因此，老婦人打開大紙包，發現這麼多美味食品後，儘管由於禮貌、教養，不得不強壓住心頭歡喜，臉上仍無意中稍稍流露一點。奧蕾利亞倒沒有表示什麼，她只是不斷偷覷我，似乎帶著什麼心事。

儘管我厭惡市儈作風，但社會經驗告訴我：欲爭取女兒的好感，須先爭取媽媽的好感，否則，她會像一座大風車，屹立在你和她之間，不斷播送強大冷風。我沒有愚公移山的條件，也不想和一座大風車打交道，更不想扮老愚公，因此，不得不暫時皈依唯物論，它的比橡木更堅實的論點是：對付老太太們，五磅火腿比一個月的請安問候還要有效。現在，我從她的神色上，發現這種論點的可厭性與可愛性。

老婦人從頭到腳打量我一下，笑著道：

「林先生，您的身體眞魁梧，簡直就像俄國軍人一樣。我從未見過像您這樣結實的東方人。」

奧蕾利亞告訴她：我是和中國抗日名將馬占山一道來的，我們過去在東北和日本軍隊作戰很久，英勇善戰。我更是一員勇將，立下了不少戰功。

馬將軍一行人抵達托木斯克的事，她早就聽說過了，此刻能親眼看到一個中國軍人，頗感榮幸。知道我是上校時，對我更慇懃了。

「這樣年輕就當上校，眞了不起！」看她那幅神氣，如果她是軍人，幾乎要舉手向我致敬了。

很快的，她到廚房去給我煮咖啡。

我對奧蕾利亞笑道：

「謝謝您！您爲我在您母親那裏，已做了一個最好的廣告員所能做的了。」

她不開口，只是咕咕笑。

這一天，我在她家裏玩得很盡興。我並不傻，明顯的看出來，她的母親對我頗具好感。她認爲我是一個受過優良教育的上流紳士兼軍官。

離開了奧蕾利亞的家，這一晚，我興奮得失了眠。

我開始鄭重考慮擺在我面前的問題。

假如我和奧蕾利亞眞是演戲呢，演到現在這個局面，大可告一段落。

假如並不是演戲，那麼，我們這種關係繼續發展下去，將會產生怎樣的結果？我們的關係，又有什麼可能的前途？

我看得出來，這個女孩子對我具有好感，只要善自運用這份好感，細水長流，遲早我會贏得她的全部感情。不過，贏到又怎麼樣？

我的心情有點矛盾。理智上，我極願這份奇遇趕快終止，雙方都不會感到什麼不愉快，最多只有點怏怏而已。而這點「怏怏」感，就可以防止這齣戲弄假成眞。

可是，感情上，我總狠不下心。

我沒法擺脫這個女孩子的魔力。只要一天我還在托木斯克，只要一天她不明白表示討厭我，我就無法永遠離開她。

人眞是個可憐的動物，除非能把自己訓練成一塊石頭，否則，就無法不做感情的俘虜。

我的處境是可怕的寂寞、苦惱。雖有近兩萬同伴，但沒有一個可以多談談的朋友，更說不上有一個眞正了解我的知己。我，一個失去祖國的亡命徒，七八歲就離鄉背井。二十多年來，一顆心一直滾動在荊棘叢中，被刺得血淋淋的。幾乎從沒有一個親人的手指撫摸過它，更沒有過一個少女的嘴唇吻過它。我太需要友誼了，特別是一個少女的溫情。

「未來」是一個渺茫的字，我能知道明天、後天，卻無法預測明年、後年，或十年後。我們在東北的抗戰失敗了，中國自己正陷入水深火熱，哪有餘力幫助韓國光復？整個民族前景茫茫，個人還有什麼永恆的幸福未來？可是，這並不妨礙我追求較短暫的幸福火光。一個人不能想得太遠，他只能生活在赤裸裸現實中。當現實的杜鵑花開遍春天原野時，我們就該沉醉於它的色香中。

奧蕾利亞正是這樣一朵杜鵑花。

「我絕不能放棄奧蕾利亞的友誼。」

這個思想，是我一夜失眠的結論。

這以後兩個多星期，我儘量利用各種機會與她會面，在她家裏，在學校裏，咖啡館裏。平均每兩天見一次。不過，我雖儘可能增加接觸機會，卻也儘可能現得輕鬆，自然，不使她感到我是在纏她。

我讀過「紅與黑」，對史丹達爾這位大師的藝術，佩服得五體投地。但我不太贊成主角于連那種戀愛風格。可社會上不少戀愛場合，于連那種風格是一種現實的存在。不管你歡喜不歡喜，男的或女的，有時確實表現這種風格。若干年前，我在中國認識過幾個女人，她們就想用這種風格征服我，我不得不逃走了。目前，由於我現實境遇處於絕對劣勢，又想速戰速決，早點獲得她的全部情感，有時候，只得自認有點卑劣的，多多少少，也想試試玩弄于連那一套，爲了我還有一個潛在對手瓦希利。天知道，到此刻止，我還未見過他呢！

我覺得，一個善於駕馭馬的好騎手，會用各種巧妙方法拘束牠，使牠俯貼、馴順、就範，卻又絲毫不叫牠感覺是在束縛牠。直到最後，馬心甘情願，接受他的約束。

也許女人有時就有點像馬，一個男子想做一個好情人，先得學習做一個好騎手。

不過，這一切只是愛情小小插曲，而且是偶然的插曲，卻不應該是主旋律。

奧蕾利亞的確是一個可愛的女孩子。她有許多女孩子的長處，卻沒有她們的短處。她最叫我歡喜的地方，不一定是她的美麗，倒是她的智慧、她的情愫。

有些地方，她像中世紀西班牙修道院女尼，純潔、幽靜。她歡喜靜靜的坐在你身邊，靜靜的聽你講，溫柔得像小波斯貓。

有些地方，她又像古代希臘哲學家，敏感的觀察一切，捕捉一切，然後，一一提出疑問，再加以解答。當我談到一些哲學問題時，她的理解力是驚人的。沒有一句我說的話，不被她咀嚼得透底。

她學文學，主要性格是傾向文學。簡單說來，她是一個愛美者、欣賞者，凡藝術範圍裏的瑰麗形象，她能欣賞、玩味。

她的形體美給我的吸引力是暫時的，她的智慧與高貴情愫對我的吸引力卻是長期的。

托木斯克的當地環境，我很瞭然。在這種空間，竟會產生這樣一顆與土壤風物不大協調的靈魂，一朵精緻的奇花，我自然漸漸發生好奇心。

有一天，她母親不在，我上她家玩，對客室四壁上的一些波蘭風景相片看了一遍，又望了望波蘭大文豪顯克微支的照片，以及一個穿波蘭國防軍制服的中年軍官的肖像，（她告訴我，這是她的亡父，）我忽然轉過頭問她：

「奧蕾利亞小姐，請原諒我提出一個冒昧問題。我猜您不是俄國人。」

「您以爲我是哪一國人？」她笑著問。

「您是波蘭人。」

「何以見得？」

「我的理由很多。爲了搜集這些理由，我很下了一番功夫。現在，這張肖像終於爲我揭開謎底。您是不是波蘭人？」

她點點頭，神色微微有點慘然。

「您爲什麼不早告訴我？」

「我怕您誤會。」

「什麼誤會？」

「波蘭民族一向被別人輕視。」

「人們有什麼理由輕視波蘭民族？它現在不是一個獨立自由的國家？」

「可是，波蘭過去曾經三次被瓜分，有一個很久時期，他一直是別人的奴隸。」

「說來您或許不信，在世界各國女人裏，我最敬佩的倒是波蘭女人，這個，我絕不是當面恭維您。」

「爲什麼？」她笑著問。

「因爲近一百年中波蘭出了一個最偉大的女人。」

「誰？」

「瑪麗居禮。」

她臉上射出虔敬的光輝。有好一會，她才輕輕嘆了口氣。

「居禮夫人的確是一個不尋常的女子。」

被一股說不出的感情所激動，我昂奮的道：

「居禮夫人不僅是不尋常，簡直是不可形容的偉大、崇高。不僅在近代女性裏，就是在男性中，我也很少看到這樣偉大崇高的靈魂。也許因爲她是波蘭人吧，法國政府故意給她種種冷落、貶抑，但是，只要地球上還有人類的話，居禮夫人的偉大將與山河同存。」

我告訴她，爲什麼我特別崇拜居禮夫人？

「大科學家愛因斯坦曾經說過這麼兩句話。他說：『在所有名人當中，瑪麗居禮是唯一沒有給聲譽所毀的人。』……這兩句話雖然很簡單，卻能一針見血的道出居禮夫人的偉大人格。試想想，在歷史上，古往今來的所謂名人和英雄，有誰多少沒有受聲名的影響，有誰能像居禮夫人這樣絲毫不爲聲名所動？居禮夫人不僅不愛聲名，甚至還討厭它、躲避它。」

「當第一次諾貝爾獎金贈給居禮夫婦時。在接受獎狀與獎金的那一天，居禮夫人給她的哥哥寫了一封信，信上說：

『諾貝爾獎金的一半，已經贈給我們了，我不知道它的確實數目，我想大約總有七萬法郎吧，這在我們當然是一筆大款項了。我不知道在什麼時候才能領到這筆款項，也許就在我們前往斯托荷爾姆的時候吧。我們還須在十二月十日以後的六個月間，在那裏作一次演講。』

『我們給信件、攝影員及新聞記者的來訪纏住了，只要有地可鑽，我們眞想藉此稍求安寧。美國方面給我們一個建議，要我們到那兒去作一次有系統的演講，報告我們的研究工作。他們問我們要獲得多少酬報。無論條件如何，我們總得謝絕，我們千方百計避免人們爲我們舉行的榮譽筵，我們回絕了，他們也知道沒有辦法了。』

『我親切的吻你們，並且請求你們不要忘記了我。……』

「這封信太可愛了，她顯示一顆偉大靈魂的深度。」

「當他們領到諾貝爾獎金後，除留一部分自己必要的用費外，其餘的都幫助了別人。他們給一個朋友匯去兩萬奧幣，幫助他創辦一座療養院。他們給許多波蘭學生們，瑪麗居禮兒童時代的朋友，實驗室的助手等等，送了許多禮物。他們幫助一個女生的學費。有一個曾經在波蘭教過瑪麗居禮法文的法國老婦人，她一直住在波蘭，她生平的最大夢想，是重見她的故鄉——法國地普一面。瑪麗居禮匯了一筆錢做旅費，負擔她的來回費用，使她實現了這一夢想。……」

「關於居禮夫人的偉大是說不完的。

「波蘭有這麼一個偉大女子，足以向全世界驕傲！

「您剛才說別的民族會輕視波蘭，有誰敢輕視？」

她聽完我的話，非常興奮，也極感動，她的一雙眼睛火熱的望著我，低低道：

「我絕沒有想到，關於居禮夫人的事，您知道得這麼多，連她的信都背了下來。」

說到這裏，她不再說下去，把好幾句沒有說出的話也嚥下去，只用滿含深情的眼睛凝視我。

我低低道：

「關於居禮夫人，只要是我能找得到的傳記和零篇文章，我都看了，個別極動人的，我全會背了。關於居禮夫人所發明的鐳，我知道得很少，但關於發明鐳的人，我卻盡我所能知道的知道了。……您知道居禮夫人平生最偉大的那件事吧？」

她點點頭。

「這種事，不管人複述多少遍，全不會厭倦的。」

我便複述有關居禮夫人的另一段軼事。（註一）

講完居禮夫人故事後，一時我們都陷入沉默中。

我用下面的話打破了沉寂。

「近代科學家中，像居禮夫人那樣千辛萬苦，不顧一切艱難，完成一種發明的，已經很少了。經過這種形容不出的千辛萬苦，完成了一種偉大的發明後，能夠絲毫不取任何報酬，立刻公開自己的發明，這在近代史上是絕無僅有的例子。」

停了一會，我又繼續道：

「居禮夫人完成這一偉大發明、表現出她的偉大精神時，她的祖國波蘭還在德、俄、奧三國鐵蹄下，她則是一個不折不扣的亡國奴，一個亡命徒。這對那些強國實在是一個莫大諷刺。」

她全神貫注，聽我說下去。

「說來很奇怪，近代兩個極偉大的人，都是失去祖國的亡國奴。這兩個大偉人，一個是男人，他是甘地；另一個是女人，她是居禮夫人。」

「照我的推論，我們如果眞要找當代聖人，只有到亡國奴當中去找。在強大的國家中，倒是比較不容易找到的。」

她透了口氣，熱情的道：

「您的觀察有道理。……」

沉思了兩分鐘，她好奇的皺皺長長眉毛。

「我很奇怪，您爲什麼特別崇拜居禮夫人？」

我低下頭。

「因爲我自己也是一個沒有祖國的人。」

「您——」她詫異的望著我。

我苦笑道：

「中國只是我的第二祖國。我的第一祖國在鴨綠江南岸。您聽說過世界上有一個最歡喜穿白色衣服的民族麼？」

「韓國？您是韓國人？」

我點點頭：

「第一次世界大戰以前，世界上有兩個富有悲劇性的民族：一個是東方的韓國，一個是西方的波蘭。在許多情形下，它們所受的苦難都相同。歷史書上，我們可以看到波蘭革命者反抗統治者的英勇故事，波蘭女子特別現出勇敢。在歷史書上，我們也可以看到韓國革命者流血復仇的故事，許多韓國人用自己的鮮血來侮辱日本統治者，叫他們臉上身上永遠帶著血腥味。

「我還記得，在沙皇統治下，波蘭到處是鐐銬與皮鞭的聲音。尼古拉皇朝不許波蘭人學習波蘭文字。在東部波蘭，只容許一種文字：俄文。

「夜深了，一切死靜了，波蘭母親聽見舊俄巡警的皮靴聲越響越遠，漸漸消失了，她輕輕走到床面前，輕輕喚醒波蘭的孩子——她的孩子。

「在黯淡燈光下，寒冷的冬夜裏，波蘭母親把波蘭字母一個個拼起來，教她的孩子。孩子又冷又倦，兩隻小眼睛似睜非睜，但他依舊專心學習。叫他著魔的，不是這些字母，而是他的媽媽的臉。這張臉說不出的叫他感動。

「終於，他發現眼淚一滴滴的從媽媽臉上滴下來。

「孩子不能忍受了，他抱住母親哭了。

「這是波蘭母親的心。血淋淋的心。

「今天，波蘭已飄起自由的旗幟。波蘭母親無須再在深夜流著眼淚把孩子從床上拖起來了！……

「可是，波蘭的兄弟——韓國，今天還在日本刺刀下抖顫著，到處都存著波蘭母親的慘劇。在鴨綠江東岸，我的美麗祖國，沒有陽光、沒有自由、沒有溫暖、沒有春天，人們像受傷的野獸，各自躲在自己的洞窟裏。洞外，佈滿了獵人的槍口。

「我的祖國，字典上、已沒有『笑』這一類字眼。如果還有人能笑，那麼，它與一個自由國家裏的笑是相反的意思。在韓國，人爲什麼笑？只因爲他受苦受得這樣深，無可奈何，才發明了一個『笑』。如果沒有笑點綴，他們是一天也活不下去的。

「啊波蘭，波蘭，這個字，對於我，代表一種極神秘複雜的意義。每一次，當我看見這個字或唸這個字時，我就想起一個復活的華沙、再生的民族，一切充滿了光明、自由。但是，看完了唸完了這個字，想完了這個字所代表的涵意後，痛苦就像手臂似地擁抱我，我想起我的充滿黑暗與屠殺的祖國，我的白頭髮的老母親，黃昏站在高樓上瞭望我，等待著她的兒子歸來，……」

說到這裏，眼淚充滿我的臉，我再也說不下去了。

奧蕾利亞無法抑制自己了。她緊緊握住我的兩手，流著淚。

我們淚流互相定睛的注視著。我們的靈魂第一次眞正擁抱在一起了。

一二

這一天，與奧蕾利亞分手後，我又悲又喜。悲的是：閒談中，無意勾起我的鄉愁，許久以後，一直鬱積著的感情放瀉出來，一發不可收拾。我離開奧蕾利亞，把自己藏在公園樹叢深處，雙手蒙住臉，偷偷哭了好一會。喜的是：這一次，把自己的感情坦裸在她面前，她對我有了進一層的了解。

從她的談話中，我第一次知道她的悲慘身世。

她的父親原是一個軍官，第一次世界大戰時，奉令調來托木斯克，管理奧國俘虜。他們一家都搬到這裏。十月革命後，他死了，母女兩個一直留在本地，不能返歸波蘭。她自己雖在俄國受教育，——從小學直到大學畢業，但她的思想仍深印著「波蘭」的鈐印。十五年來，她們的唯一希望，就是早點回到波蘭。復活後的祖國，是她夢魂縈繫的核心，她日夜懷念著波蘭的花樹、陽光、草原、流水，……

精通俄文的母親，在她目前任教的那個T中學教音樂，撫育她成人。前兩年，健康不適，退休了，也渴望回歸故鄉。然而，按目前形勢，回國可能性越來越少。一道無形的政治高牆，橫阻在她們與祖國之間，天知道何年何日才能跨越。

在托木斯克，奧蕾利亞的手足似乎是自由的，心靈卻被幽禁著。正由於這一種內心憂鬱，她的感覺才漸漸變得纖細、精緻。

她的身世如此，對我自然能深一層的了解與同情。

前面已說過，我並不很喜歡于連的戀愛風格，但爲了測驗一個女人的情感溫度紅線，很抱歉的，于連獨創的那種探溫器，我有時仍得暫借用。我和奧蕾利亞的友情，既發展到這種程度，我決心測驗我在她身上的比重，是否能和那個瓦希利較量？

說到瓦希利，眞奇怪，到如今我一直未碰見過他。我倒希望在奧蕾利亞家裏偶遇一次，看他究竟是怎樣一種人。

有時候，我也很想在談話中提起他，卻又不好意思說出口。我看得清楚，不管我用什麼藉口，只要我一提瓦希利，對方第一個反應一定是：「他在嫉妬！」我倒不願意被別人當做愛嫉妬的。

因此，我認識奧三個多星期了，還沒有提過那個促成我們相識的神秘名字。

現在，我決心試著和他作一較量了。我決定一個星期不與她會面。

這一星期中，我不僅不去看她，並且儘可能避免和她相遇。

像往常一樣，我把自己大部分時間消磨在圖書館裏。

頭三天，我實在不容易克制自己。我幾乎想取消決定。但我終於強忍住了。這種忍耐確實使我痛苦。我開始意識到：男女感情也和吸鴉片一樣，相互情意濃厚了，一旦隔絕，正如多年癮君子戒菸一樣，其痛楚是不能形容的。

從第四天起，我才使自己慢慢鎮定下來。

第六天下午，從圖書館回來，門房給我一封信，拆開一看，正是奧蕾利亞留給我的。

「林先生：好幾天沒有看見您了。我擔心您發生了什麼事。今天特別來看您。來了兩次，都沒有遇見您，我很失望。

明天又是星期日了。上午我母親不在家，希望您能來，我爲您煮了很濃很濃的咖啡。您是愛喝濃咖啡的，是不是？可一定來呀——奧」

看完信，我快樂得幾乎流淚。

在我的經驗與想像中，當男女友情漸漸濃厚，而對方的態度又變幻莫測時，短短的別離，是測驗對方感情紅線的最好寒暑表。這一段隔離中，對方如對你眞有割捨不得的情意，他（或她）一定會抑制不住來找你，或給你信，希望早點再見你。如果對你並沒有情意呢，即使分離得再久一點，他（或她）仍無動於衷，聽其自然。

這封短信，解答了一切。

我把信吻了五十遍。

第二天，一個稀有的晴朗天，閃耀著陽光。上午八點多，我出現在奧蕾利亞門口。門開了，她一見是我，臉上又嗔又喜。從她的媚眼裏，我讀出下面的話：「您這許多天不來看我，我眞是生您的氣。可您現在來了，我一切原諒您。」

她的母親果然不在家。

她不讓我坐在客室裏。

「您還沒有看過我住的地方，上樓看看吧。」

她住在二樓，坐北朝南。

寢室約三丈長，一丈五尺寬，對於一個單身少女，稍嫌寬大點。牆壁下半塗藍粉，上半刷白粉，天花板糊藍色花紙，油紅色地板拭得雪亮。這片白色、藍色，紅色襯配得頗和諧，柔和的光與影相互交錯。

壁上掛波蘭大音樂家蕭邦畫像，以及杜斯妥也夫斯基與海涅的放大相片。此外，還有拉斐爾的「馬童奈」的珂羅版複製圖，波蘭大原野的風景畫片，以及天才舞女鄧肯在雅典神廟前舞蹈的放大像片。一座普希金的圓圓石膏浮雕頭像懸在牆角。溜圓檯子上，卻安置了一尊希臘女神的石膏像。法國式的落地牕子，深罩藍色帷幕。它現在是揭開了，讓金色日光投影于一張白色大鐵床的白色毛氈上，陽光正繡織羅可可式的花紋。

看房內設備，大部分顯然是十月革命以前留下來的。

壁爐早已燃燒著，火光熊熊的熠耀。太陽從窗外射進來，明亮而柔和，使人忘記這是冬季。

她替我脫了大氅，請我在圓檯子旁邊坐下來。

藍色檯布上面刺繡了一些白色小花，大約是主人的作品。五彩的花繐子長長搭拉到近地面，使人看不出圓檯子是一隻腿，而檯面與腿成丁字形。

在一盞酒精小爐上，白色咖啡鐵壺「滋滋」響著，似乎在唱「晨歌」。

女主人預備了兩盞晶亮的大玻璃杯，從小爐子上取下咖啡壺，倒了兩杯，一杯是滿滿的，一杯只傾了一半。她把前者輕輕放在我面前，旋即取出一隻糖碟，一柄白銅羹匙，一碟糖果，一碟糕點。我發現，這些糖果與糕點還是我送給她們的。

她輕輕坐在我旁邊，安靜得像一個小動物。

她笑著問我：

「有一種高加索的水果咖啡，您喝過嗎？」

「我只聽說過，咖啡店裏也有，我倒沒有嚐過。」

「您今天嚐嚐看。不過，我做得不好。」

她抿著嘴笑。

我喝了一口，味道果然好，不僅釅，也特別芳香可口。

「這就是水果咖啡？」

她點點頭。

「太好了。這好像並不是一種飲料，而是一種美妙空氣，沁透心脾。這種咖啡怎麼做？」

她說，做法簡單，只要把蘋果和梨一類水果烤焦，烤得又糊又脆，再磨碎了，放在咖啡裏熬，就行。

「啊，蘋果與梨！」我想。「天知道，這一類水果在當地是怎樣貴！」

「奧蕾利亞小姐，我覺得眞有點對不住您。」

她驚奇的望著我。

「爲了請我喝水果咖啡，叫您破費了不少金錢、時間，我感到很不安。」

她忍俊不禁的笑起來。

「您這個人眞古怪。有時候，驕傲得可怕，有時候，又客氣得可怕。難道只准您招待我，就不許我招待您？」

「我在您面前驕傲的時期就要告一結束了。」我低低說。

「爲什麼？」

我把頭偏向她那邊，用溫柔而輕微的聲音、幾乎是對她耳語：

「因爲我太擔心您的反應了。」

我站起來，走到大窗子面前。

我讓自己整個沐浴在陽光中。

我並不回頭，卻用懵夢一樣的聲音道：

「看哪！這是難得的開太陽的日子。今天的太陽多美，多熱情！它好像伸展出千萬條金黃色臂膀，來擁抱這個世界，擁抱這個小房子，擁抱您和我。

「我現在望著天空。天是藍的，和奧蕾利亞小姐的眸子一樣藍。我在天上雲層看見奧蕾利亞小姐的眼睛，無數的眼睛。它們蘊涵有許多許多意義。它們代表一整個世界。我覺得自己就生活在這雙眼睛裏。……

「看哪，白鴿子飛出來了，在藍空下飛著，這一隻隻白鴿子就是奧蕾利亞的心。她有很多很多的心，鴿子樣的乳白而純潔，在藍穹下面翩韆飛翔著。……啊，奧蕾利亞的心啊，你往哪裏飛呢，你是不是要飛到——

「聽哪……」

我還未說完，一個人已悄悄走到我身邊，用胳膊輕輕撞了撞我。

我知道是誰，並不回頭。

「您在說些什麼瘋話!?」

她用最輕最輕的聲音說，細微得像落葉嘆息。

我也用輕得只許她一個人聽見的聲音道：

「是的，今天林先生是瘋了。連太陽光也瘋了。只因爲奧蕾利亞小姐又大又藍的眼睛輕輕一瞪，一切全瘋了!……」

「您是在說夢話。」

「是的，我是在說夢話。我現在就在做夢，而且還有夢的動作——」

我轉過身子，溫柔的擁抱了她。我們的嘴唇像火花一樣的接觸了。漸漸的，我越來越像風暴，她是一片小樹叢，她渾身在我臂膀裏顫抖著。她似乎早就等待我的太陽式的反應了。

我們狂吻著，……

忽然，她倒在我懷裏啜泣了。

我捧起她的臉，定睛望著她的鵝蛋臉滿濺淚珠，不開口，她轉過臉，又突然笑了。她用柔滑如凝脂的面頰擦我的面頰。

沉默。

陽光。

冬日上午謐靜。

白鴿子悠悠在天空。

鴿鈴聲響。

……………………

二十分鐘後，圓檯子搬到窗口。我們並坐在五彩陽光中喝咖啡。

我一面喝，一面微笑著望她。

她一壁喝，也一壁微笑著望我。

「你爲什麼望著我笑？」

這是第一次稱她「你」。（俄國人談話，只有對親熱的人才稱「你」，普通朋友多稱「您」。）

「你爲什麼望著我笑？」

「我望著你笑，是笑你的笑。」

「我望著你笑，也是笑你的笑。」

不約而同我們哈哈大笑起來。

窗外窗內靜。笑聲像鵝卵石，投向澄清水面，瀏亮、清晰。

情不自禁的，我拿起她的右手，緊緊握著，沉思。

她溫柔的問：

「你在想什麼？」

「我在想一件事。」

「什麼事？」

「我在想：但丁的三十三天「最高的玫瑰」之門現在是不是悄悄敞開了？」（註二）

「當然。」

她溜了我一個媚眼，拿起我的左手，輕輕在她左頰上摩擦著。

一三

回到家裏，我在房內徘徊很久。和奧在一起，太美了。她不在，我又像跌落到又冷又荒涼的曠野，被痛苦咬嚙。這種心情是反常的。

很快的，我就發現：這不僅反常，一半卻是由於一隻秘密的昆蟲在咬我，它的名字叫「嫉妒」。沒有一個眞正戀愛過的人，不被它咬過。

兩星期後，當我又一次沉浸在她的芳香中時，我忍不住嘆了一口氣。

她，似嗔非嗔的道：

「多奇怪，在最快樂的時候，你爲什麼偏愛嘆息？」

「我把理由說出來，你不生氣嗎？」

「你的幾乎是失禮的舉動，我都從沒有生過氣。難道你的幾句話，便會生氣嗎？」她笑著瞪我。

我輕輕撫摸她的長長鬈髮：

「有一件事我覺得很對不起你。」

「什麼事？」

「你還記得，一個半月前那個深夜，我們是怎樣認識的？當初我故意代替他，原不過想對你開一個玩笑。現在，竟弄假成眞了，我可能對不起一個人。」

天知道到現在止，我還弄不清楚：那一夜，他們原定在街頭約會，是瓦希利失約呢？還是偶然邂逅，她認錯人呢？還是他們從電影院或歌劇院出來走散了呢？不過，我從未問她，也不想問她，她也從不想提此事。

「啊！你可眞會說話。」她的右手舉起纖纖的第二指，調皮的指指我。「你嫉妒！」

我不響。

「他已經不在此地了。」

「什麼？」我詫異的問。

「三天前，他到喀山去了。」

「嗯？」

「他恨托木斯克、恨我。因爲我叫他失面子。」

我滿面疑竇，瞧著她，彷彿不知道是怎麼一回事；當眞，我什麼也不知道。

她微笑著，眼色卻帶點迷惘。

「本來，假如你不提，我什麼也不想告訴你。我不想叫我們春天花園，颳過任一陣冬風。你不常說，我們在合作做夢？那麼，凡是夢以外的一切陰暗現實，就讓它們像逆流似地，悄悄流過去，不更好？可現在，你既然要端詳逆流景色，聽它的峻急水聲，我少不得向你和盤托出。」

她那雙一向明媚的眸子，初次飄起陰雲。我也第一次窺見她性格另一面——那個她從不想對我開放的一面。

……………………………

你不說過，有時，我像一個古代希臘哲學家麼？此刻，我打算向你扮演的正是這個角色。而且，當時扮演得似乎頗動人。

一個女人的最大厄運之一（可能也是幸運），就是結婚。要結婚，就得或多或少戀愛，正像要捕魚，就得或多或少和水打交道，而水卻是變化莫測。按我個人出身和境遇說，這種事，還是社會風俗習慣的一個必然節目。除非我準備進修道院，就非上演這齣節目不可。

我和瓦希利相識、要好，就為了合作演出這個節目。

你知道，我是弄文學的。我腦子裏，免不了有許多幻想。除了應付上面那個節目外，其實我內心確有那麼一種衝動、慾望、情感，渴望有一天，眞有那麼一個帶點神秘的強烈生命，突然出現在我面前。他應該不全屬於這個世界。我愛雪萊和他的詩，我想像中的那條生命，就該有點像這位詩人筆下的西風、雲雀、雲彩、阿多尼斯、普洛米修斯……，等等的混合體。然而，到哪兒找這種生命呢？爲了不進修道院，（當然，這裏現在不存在這種空間了。）我只得找它的代用品。瓦希利就是這種代用品。不只是瓦希利——其實這裏不少男人，當時都沾點普洛米修斯的色彩，這是時代風氣使然。自然，不僅蘸了點普的雄壯色澤，還染了點他的浪漫調子，這也是時代鼓勵的。

我們偶然認識了，促成我們接近的，卻是另外一個因素：他從小在波蘭住過，（那時他是我們的征服者），能說一口流利波蘭話。對我說來，這是一個不小的誘惑。然而，來往後，我一直矛盾著。我發現，不管形式上他怎樣竭力遮掩；那種大斯拉夫主義的傲慢，仍隱藏在他的血液裏。一九二五年以前，有幾年，在這個國家，這種傲慢，確實普遍相當沖淡了，即使不全消失。那個時候，這個國家，倒是罩了一層雪萊式的理想主義情調，普洛米修斯成爲最流行的風格。但近幾年，一切大變了，驕傲又抬頭了，儘管與這個社會所標榜的主要信仰格格不入。這是一種存在的事實，潛伏的勢力，誰也抹煞不了。

我矛盾著，可我終得上演前面所說的那個節目。在發現他巨大弱點之前，我沒有理由不和他來往。他是這裏銀行的高級職員，精明能幹，才三十多歲，還算有青春活力。作爲未來的可能配偶，沒有什麼好對他太吹毛求疵的。

我們交往了大半年。眞正比較要好，卻是認識你三星期前的事。一個女人——啊，可憐的女人，如果沒有意外波折，總得按社會一般男女關係正常軌道，慢慢扮演情人角色。可我知道，這是自己騙自己，但又必須騙下去。在這個社會的生活裏，沒有多少道路容許你自由選擇。即使當我最懵懂的時候，我也看得清清楚楚，雪萊式詩意的幻想，終究是幻想，重要的是：我得接受有點惱人的卻是正規的現實。我不得不把我靈魂深處另一個「自我」扼殺，爲了安安靜靜承擔現實。

但另一種新的現實——眞實，卻暴露了這個代用品——瓦希利的本質。

我們相識後，當時，不過是普通朋友，按這個社會所標榜的極度慷慨的風氣，這種友誼完全是可以容許的，他知道了，卻嚴厲斥責我，禁止我和你見面，簡直專制得可怕，幾乎像個暴君。這種時刻，如果他眞表現出那種普洛米修斯式的大度，倒會增加我對他的敬重。可他居然這樣傲慢無禮，反而激起我的反抗。我不是一個習慣屈服於恫嚇的女子。我們爭吵了幾次。不用說，他既沒有權利約束我，我也沒有義務接受他的專橫。這樣，一天天的，事情就越來越僵了。在極不愉快的幾次接觸後，我終於作出決定：他不是一個値得我全心全意交出一切熱情的人！

我寫信請你來喝咖啡後的第三天，我預感一場風暴將降臨——也許，它正是我所渴望的。

那個陰沉的下午（他知道，這天下午三點以後，我沒有課），他出現在我房裏。只要看看他的神色，我就直覺會發生些什麼。說也怪，我和他同屬白色人種，他白皙的臉膚，我本看慣了，今天，我卻感到特別不順眼。一個多月來，那位東方朋友的淡棕帶褐的形象色調，彷彿是生命的原始活力，已滲透我的本能血液，再一親炙這一片白色，好像是面對一幅殭屍面孔，毫無活力、鮮意，而且，膚淺極了。他那副高高鼻子，原覺得有點英挺，此刻也感到太高了，怪難看的，叫人不受用。一句話，相識半年來，我從未比此刻更厭煩他的形姿。特別是，他滿面陰霾，活像一個墓窟，張開大口，要吞噬人似地。

不管我怎樣煩躁，不自在，但我那種沉沒在玫瑰谷底的幸福情調，仍有意無意透出來。一個男子，即使再遲鈍些，也不難敏感到我精神上的這種巨大變化，而這更觸怒了他。

他才坐下，把水獺皮圓形帽扔到椅子上，我馬上沉下臉，站著對他極冷靜的道：

「我希望，這是我們最後一次見面了。」

「事情眞是發展得這樣快，無可挽回了麼？」他驚訝中帶著氣憤。

「不是事情發展快，是你腕錶上的指針走得太慢了。由於它的質地限制，它不能理解另一種時間的速度。」我的視線筆直望著他。「一句話，你從沒有眞正了解過我。」

「可我們到底相愛過。哪怕是短短一度。」他氣憤的說。

「那並不是眞正愛情，那是眞正的禮貌。我是按照這個社會的風俗習慣的禮貌，響應你的感情的。我如果不響應，那就是嚴重失禮了。可是，在禮貌晚禮服下，我還有另外一個人，這個人，受你們這個民族的社會傳統所束縛（即使在今天，你們實際上仍保持這種高傲的傳統），從未獲得眞正解放。我只得自己騙自己，認爲是愛上你。現在，一個新的普洛米修斯出現了，他的火光照亮了這件禮服，也照明了禮服後面另一個眞實的有血有肉的我，能按自己的原始自然面目思想行動的我。正因爲這樣，所以，我說，這是最後一次見面了。」

「奧蕾利亞，你現在的語調，怎麼像個哲學家？時間並不太長，你怎麼改變得這麼厲害？」他的語氣充滿諷刺。

「我一點也沒有變。我還是從前那個我。從前，認識你不久，我內心就發生一種矛盾。但我從沒有告訴你眞相。我只是騙自己，既然要在這個社會生存下去，我就必得照著它的風俗、習慣、傳統行事，除非我將來準備進修道院，而這是不可能的。當時，你只看見我的笑臉，從未見到過我心靈深處那副有時憂鬱的臉——這是你們這個民族強加給我們民族的後果。你雖然愛我，可仍帶著一種自以爲優越的壓力，不過，你不太明顯的表現罷了。但壓力總是壓力。」

「我從未眞正對你施加過壓力。」

「瞧你現在說話神氣，你的臉色，這不是壓力麼？我是自由的。我們並沒有訂過婚，即使訂過，有必要，我也可以解除婚約。從前，我是籠子裏的小鳥，現在不是了。」

聽到這些話，他氣憤極了，臉色蒼白，不久又泛出點紅色，兩隻陰森的橢圓小眼睛，野狼似地獰視我。他從椅子上站起來，不斷急促的來回走著。突然，停下步子，他氣勢洶洶的大聲說：

「不管你怎樣能說會道，像個女蘇格拉底似地，我依然要說：你是一個水性楊花的女人，一個波蘭卡門！我們要好了還不到三星期，你變心了，找那個有錢的中國軍官了。自從認識你，大半年來，你一直三心二意，折磨我，找出各種藉口，對我時而熱、時而冷。好不容易，三星期前，好好歹歹，總算接受了我的情感，想不到，很快又變了。你不像一個正派中學教師，你是一個無聊的女人！你是一個蕩婦！那個中國軍閥，他是資產階級出身，也是個無聊的傢伙！我輕視你們！——」

我實在聽不下去了。我怒衝衝的指著房門。

「請你出去！立刻出去！」

「我不出去。」

「這是我的寢室，你必須出去！」

「我偏不出去。」

我走到窗子口，下面是街道。我氣咻咻的道：

「你再不走出去，我對街上喊人了！」

他的臉色更蒼白了，一點血色也沒有，像剛從棺材裏爬出來的活屍。他那雙小眼珠，死死瞪著我，一聲不響，像要一口吞下我。突然，他豹子樣衝向我，「劈拍」一聲，打了我一記耳光。接著，從桌子上拿起皮帽子，急速衝下樓了。

後來，母親告訴我：他當時臉色，可怖極了，像要殺人似地。她早已做好準備，萬一出事，她就衝上街求救。謝謝上帝，我付的代價太小了：一記耳光。這樣結束了我和他的一切關係，太叫人高興了。我最怕的，是他糾纏不清哪！

有人說，被打耳光是倒楣的。這卻是一次幸福耳光。他這樣對待我，這是我的福氣。當然囉，有人會把它當做一種人身侮辱，我卻把他當做一個瘋子。對一個瘋子，我們有什麼可生氣的？

本來，因爲他能幹，黨早就想把他調到喀山去工作，爲了我，他一直沒接受。三天前，他卻改變主意了。他的故鄉原是喀山。

至於母親，因爲他能操波蘭語，本對他有點好感。但他對她並不很有禮貌，總帶了點過去波蘭的征服者的神氣，自以爲佔優越地位。母親因爲我正在和他交朋友，爲了我，只得帶點委屈，接待他。這天下午，他所表演的最後一幕，使她巴不得他和我一刀兩斷。先前，我本幻想著，隨著時間——我和他的友誼，他對我媽會體貼點的。現在，我才恍然大悟，這是癡人說夢。

好，不說這些陰沉的喪氣事了，還是走出黑暗的峽谷，回到我們的玫瑰谷吧！

………………

「你剛才嘆息，說你對不住我。其實，應該是我對不住你；在我認識你以前，不該認識那樣一個男子，而且和他又有了點感情。不過，世界上的事，原不能由人作主。我和他認識，也是一種偶然、一種命運。我要不和他認識，後來怎能又認識你？」

聽到這裏，我瞪大眼睛，有點驚奇的凝視她，似乎開始不大認識她了。可不久，我又認識她了。我覺得，這一切，是合乎自然規律的。一個女人，當她被愛情燔燒得無比熾烈時，她會情急智生，演出各式各樣意想不到的角色的。更何況她靈魂深處，本有另一個「自我」，只是平日不輕易流露而已。

這時，她說著說著，忽然緊緊貼在我懷裏，夢囈似地喃喃道：

「感情是一種古怪的東西，你要它來，它偏不來。你不要它來，它又偏偏來。

「當我認識你的那天晚上，你送我回來，分手時，你請求第二天到學校來看我，這個請求，我本不該答應的。但我終於答應了。當時，你對我似乎有一種說不出的魔力，使我不能不答應。

「這以後，我越是儘可能使自己平靜，儘可能想把你當做普通朋友，但另外一種力量卻大聲警告我：『你別糊塗！這個人或者不是你的朋友，或者是你的超乎朋友的朋友。』

「我聽見秘密警告，故裝糊塗。我騙自己，設法把你當做一個僅僅因爲是中國人而引起我的好奇心的朋友。

「隨後，那件事發生了：瓦希利的專橫逼我不能不作一次愼重考慮。我才發現——也是第一次發現——我的心是怎樣可怕的傾向你，離你是多麼近，離瓦希利又是多麼遠！這僅僅是兩個星期的事。由於你，我整個人生態度都改變了。

「那天深夜，大街上的奇遇，使我感到你的新鮮的活力，一種我一貫夢想的又神秘又強烈的原始生命活力。在咖啡館裏，送我回家時，從你身上，我覺出雪萊筆下的那種西風味、雲雀味。第二天，我的失約，使我發覺我們之間的短暫友誼，竟像那位詩人所描繪的雲彩一樣坦白、輕快、自由。看茶花女以後的那場談話，你的測錘表現出對生命海灣勘探的深度。最後，那個命定的日子來了，你坦露心頭的秘密，在一個波蘭女子面前，你展現出一種普洛米修斯式的熱情，我不能再抵抗你了。只要你願意，那一天，你就可以眞正得到我的。

「我一直以爲不可能的奇蹟，居然出現了。那個帶點神秘的強烈的原始生命，竟突然屹立於我面前。他一半屬於這個世界，一半不屬於。那個有點像雪萊所描繪的『愛儷兒』，不是從天空，是從黑夜深處，來到我身邊。我開始享受了一種又靈幻又眞實的友誼。他是調皮的、饒舌的，卻是誠懇的、詩意的，使我在這片沉重的斯拉夫土壤上，嚐到一份輕鬆、自由，還攪拌著適度刺激性的辣味。我這是眞正沉沒於生活的詩境、夢境。一個像我這樣平凡生活了廿幾年的女人，不可能拒絕這種奇玄境界。它的節奏是如此明快、美麗。更重要是，有一種來無蹤去無迹的生命眞流，流過我們的友誼，它強化了後者對我的誘惑。我不能不蜜蜂吮花蕊似地，恣意沉酣於一片微妙芬芳。

「接著，六天沒有看見你。

「我第一次深刻體味到你在我身上的影響。這種影響，不是一個普通女子所能忍受的。

「毒品裏，嗎啡是很毒的一種。一個打慣嗎啡的人，會減少他（或她）大部分壽命。我似乎也正是吸這種毒品的女子，而你就是我的毒品。吸慣了它，忽然叫我停服六天，這對我是一種怎樣的後果？（請原諒我坦率。）

（她說到這裏，我熱情的在她頰上吻了一下。）

「這六天，我雖然在表面保持冷靜，像往常一樣的工作、授課、看書、改卷子，但內心卻像暴風雨下面的海水。我聽得出驚濤的聲音。

「第四天第五天，我忍不住了。想來看你，又很害羞。於是，夜晚時分，我偷偷走到收容所外面，遠遠望著你所住的樓房，希望窗口能出現你的身形。哪怕是你的一根頭髮，一條臂膀，或一隻手。

「我始終沒有看見你。

「第六天，我不顧一切，也不管別人會說閒話，我毅然決然來看你。

「你不在。

「我準備第二次看你，又怕你臨時不在，便先在家裏寫好一封信。

「你果然不在。

「我只好把信留給你。

「信上我只寥寥說了幾句話。可是，從這寥寥數語中，你能呼吸到我的眞實氣味麼？

「眞感情是不能表現的，我們所能表現的，只不過是原來感情的萬分之一或千分之一罷了。

「太陽是世界上最熱的物體，它裏面，除了火，再沒有其他生命存在。天文學家說：只要把太陽原來的熱力取一方吋到地球上，後者便會化成灰燼。但是，在地球上，太陽所反射的熱力又是怎樣可憐。即使是非洲熱帶的盛夏，太陽光也不能把一根小草燃燒成灰燼。

「你要問我對你的原始感情麼？若容許我用浪漫詩人的極誇張的詞句，它也許比太陽的原始熱力還熱。我所表現出來的，只不過是原來的光熱的可憐影子，好像地球上所反射的太陽一樣。這點影子，也只當你坐在我身邊，看我的眼睛、聽我的聲音、摸我的手、呼吸我的呼吸——才能勉強辨識、捕捉。如果要藉文字、圖畫、音樂等等來表現，也許連捕風捉影都不可能啊！……

「啊，林——」

說到這裏，她其餘的話已被我用嘴唇咬死了。

我瘋狂的擁抱住她，幾乎叫她喘不過氣。

很久以後，她靜靜望著我，低低道：

「我要你答應我一件事。」

「什麼事？」

「以後不許你再在我耳邊提起『瓦希利』」。

我不開口，只深深的、深深的，望著她，像一個研究太陽的天文學家，從巨大望遠鏡內，不斷凝視那顆恆星。

一四

那是一個下午，我事先沒有通知她，就去拜訪了。

我聽見一片音樂。

一陣流麗而纏綿的吉他聲震盪在樓上。

我停下步子，笑著輕輕告訴老婦人，請她暫別聲張。

她笑著答應了。

我悄悄走上樓梯頂層，停下來，斜倚著樓梯欄杆，身子微微後傾，兩隻手插在大衣口袋裏——我閉上眼睛。

一陣悸顫的弦聲不斷澤瀉出來，如一條條閃電，亮耀於我的聽覺暗夜。它琤琤琮琮的鳴響，有時如狂風吹捲浪花，衝激萬點銀珠，又倏然如流星雨般消失；有時如幽咽泉流，穿越一重一重錯綜山石，和平的紆徐的流下去，緩慢、安靜。……

這夏威夷島的簡單樂器，傾潑出原始熱烈的情感。弦樂聲是單調的、樸素的，然而，它旋滾著一種深沉的情愫——奏樂者的情愫，我呼吸到奏樂者靈性的抖顫、迴漩、舒展。

當音調轉折而延長時，樂聲描畫一種弧形的浪紋，有點像海洋作深呼吸時的起伏線條。這浪紋一波一波的低下去、低下去，又突然升起來、升起來。這時，聽者像乘一隻木筏子，被輕輕載過搖籃似的水面，搖過來，搖過去，人的情緒則像孩子手掌裏的一隻橡皮球，一會兒壓成一團，一會兒又放鬆，挺然膨脹。

聽著聽著，我忘記自己。我覺得似乎是在一座熱帶海島上，一些褐黑皮膚的土著少女環繞我，跳著夏威夷土風舞，由吉他伴奏。

不知何時起，樂聲忽然停止。樓梯口出現奧蕾利亞，她輕輕撫摸著我的肩膀，笑著道：

「好孩子，你幹嗎傻站在這兒？」

「我在聽你的音樂。」

一上樓，我就半帶氣惱半開玩笑的問她：

「你會彈吉他，爲什麼不早告訴我？」

她輕輕打我一下：

「看，你這個人！難道凡是我所能做的，都該告訴你？」

「別的事可以不告訴我，彈吉他，卻不該隱瞞我。」

「爲什麼？」

「你不知道：我是怎樣愛音樂嗎？」

「可我的吉他彈得太要不得了。」

「何以見得？」

「你看，你剛才一聽見我彈吉他，就嚇得不敢上樓了。」

我笑著道：

「不是我嚇得不敢上樓，是被你的音樂迷住了，迷得不認識樓梯了。」

我們都笑了起來。

她說她彈了六七年了，是媽媽教她的。母親不僅善歌，工鋼琴．還彈得一手好吉他。她自從學會後，它一直是她寂寞時的好伴侶。

她有三隻吉他。最大的一隻，是從一個可紀念的地方得來的，有名貴的歷史，它的杏紅色的明亮軀幹幾乎高及她的胸部。是她父親買了送她的。那時她還小。他說：等她大了，好學著彈。

說著說著，她眼圈子有點紅了。

爲了驅除她心頭的哀愁，我請她彈一曲。

她搖搖頭。

我再請求。

她仍堅決不肯。

「當我最寂寞的時候，我才彈吉他。當我的靈魂最怕冷的時候，我才彈吉他。你來了，我還有什麼寂寞呢？我還怕什麼冷呢？你就是我的熱帶，你就是我的夏威夷海風。」

她攬住我的脖子，面對面，溫存我道：

「你來了，我爲什麼還親近這片乾枯木頭呢（指吉他）？你的話語比吉他弦聲美得多了。你的嘴唇就是兩條琴弦。」

當眞她又彈起吉他了。用紅唇代手指，以我的唇爲弦。我似乎又呼吸到熱帶的海風，和高高椰子樹的氣味。

我和奧蕾利亞在一起時，盡量加強我們的夢幻色素。我變成一個最愛做夢的孩子。我不斷說夢話，想夢想，叫她儘可能沉浸在夢幻大海中。

這些日子裏，我們極歡喜讀德國海涅的詩。

我常常爲她輕輕朗誦。我的德文雖然淺薄，但海涅的情詩大多顯豁，不怎樣難懂，不明白處，她就給我解釋。

我們特別愛讀這位德國大詩人的戀詩。它們含有極濃厚的幻夢意味。下面三首是我們常常誦讀的。

……………………

在可愛的五月季節，
當所有的嫩芽都開放時，
愛情跳進了
我的心臟。
在可愛的五月季節，
當所有的鳥兒都歌唱時，
我向她表白了：
我的想念和我的願望。

……………………

一千朵花開放了，
在我的淚水的雨滴中；
在我的嘆息裏，
夜鶯在哀啼。

如果你愛我，愛的，
我會帶這些花給你。
在你的窗子下面。
夜鶯將要歌唱。

……………

愛人哪，當我望著你的眼睛時，
我深沉的悲哀立刻飛走了，
當我吻著你的嘴唇時，
我忘記了過去的一切痛苦。
當我靠在你的胸脯子上時，
再沒有什麼天堂的夢比這個更幸福了；
可是，當你說你愛我時，
我卻開始酸楚的哭泣了。（註三）

……………

海涅那首最膾炙人口的詩，「羅麗萊」，我們倒不常唸。我們所愛的，只是一些小詩。彷彿到田野間旅行，我們只採擷一些不知名的野花。

雪萊、拜倫、歌德、莎士比亞的抒情戀詩，我們不是不喜歡，而是覺得太繁雜，有時似乎有點做作。

按我們的觀念，戀詩愈單純愈平凡愈好。凡是求新奇繁雜的，必失眞純。基於這個理由，我們同樣很愛彭斯的詩，它們完全流自一個農家子弟的醇純心田，一點不矯揉、不做作。

有一次，我問她：

「你看過海涅的『哈爾茨山旅行記』麼？」

她搖搖頭。

「這本書裏，有一段著名的故事。」

「啊！快告訴我。」

「什麼條件呢？」我笑著問。

她故裝生氣道：

「條件！條件！你總是條件！」

她甜甜的熱熱的吻了吻我的眼睛，笑著道：

「眼睛是透視宇宙星球詩素的天文望遠鏡，現在把它吻得亮亮的，這你該滿意了吧！」

我於是告訴她下面故事。

有一次，海湼到山上旅行。在一座亭子裏，遇見一個可愛的美麗女郎。

海湼望了望她。

她也看看海湼。

兩個人都不相識。

詩人躊躇一會，終於向女郎點點頭，很溫柔的對她道：

「親愛的女郎！您不認識我。我也不認識您。我們原沒有談話可能，也沒有談話必要。不過，四周圍的風景是這樣美麗，而您又是分外瑰麗，比四周的風景更美。在第一眼，我便給您的美感動了，像基督徒被上帝靈光所感動一樣。這使我不能不向您說幾句話。假如我說出失禮的話呢，希望您不要生氣，否則，您就和四周的風景不調和了。

「可愛的姑娘，我對您有一個又冒昧又自然的請求。姑娘，您一定知道：我們這次相遇，多偶然、難得。我從幾百里外來，您也從幾百里外來，在一個很偶然的時間，我們居然很偶然的遇見了，像兩條閃電在黑夜天空相遇一樣偶然、美麗。也許，五分鐘或十分鐘後，我們就分手了，從此不再相見。您老年時，偶然回憶，或許偶然記起：

『某年某月某日某時某山頂上，我曾和一個時髦的年輕紳士相會！唉，距現在卻隔四十年了。……』那個時候，您一定會對我抱著一種說不出的好感。即使是一個魔鬼，在記憶中也是可愛的，是不是？

「既然這一分別，過幾十年或許都沒有機會再見，那麼，在我們一生中，這一次閃電似的邂逅，多富有神秘詩意啊！爲了給這首詩加一點燦爛色彩，更爲了預支四十年後您對我的說不出的好感，請您容許我在您的紅紅嘴唇上輕輕吻一下，您一定不會拒絕吧！您如果拒絕，就完全破壞這樣優美的風景了。我們這一吻像鳥飛花落，也是大自然的風景一部分啊！……」

說完了，海涅就和那女郎熱烈的吻了一次。她整個心都沉浸在海涅的話語裏了。

我講完故事，奧蕾利亞笑了：

「這個故事我看過的，你講得不太合事實。這一套話，並不是海涅講的，是你自己編的。」

我笑著道：

「海涅講的也好，我編的也好，反正只要有這段故事就行了。」

她帶著沉思意味道：

「你這一套說詞編得不算最好，未免有點囉嗦了。我如果是海涅，只說下面四句話就夠了：『姑娘，你太美了，我們今後也永遠再沒有機會相遇了，讓我留一個吻在你嘴唇上供你晚年回憶吧！」

我笑了起來：

「妙啊，到底你是女人，只有女人最懂得女人的心思啊！」

一五

有一晚，我在奧蕾利亞家裏談到八點鐘，正想回去，忽然響起敲門聲。

「這樣的晚上，會有誰來呢？」我心裏詫異著。

奧蕾利亞去開門。

一個年輕女郎和她一同跨入客堂。

女郎對老婦人招呼。她望望我，雖不相識，卻點點頭。我向她還了禮。

「這是葉林娜小姐，學校裏的同事，也是我的好朋友。」

奧蕾利亞給我們介紹。

「我早聽見奧蕾利亞提起林先生了，今天能夠遇見您，我覺得很榮幸。」

葉林娜嬌媚的笑著說。

我仔細端詳這個陌生女子。她是一個典型的俄國少女，有著健壯的身子，高高的身材。從某種審美觀點說，她比奧蕾利亞豔麗。她的深眼睛炯炯逼人，大嘴唇像罌粟花鮮紅，豐腴的臉上塗飾了濃厚脂粉。她的唯一缺點也就是唯一優點，豔得有點妖，美得相當俗。和奧一比，就顯得缺少靈韻、秀氣。這好像兩幅畫，一幅雖充滿富麗堂皇的色彩與線條，但涵意淺薄、空虛；另一幅色彩線條雖沒有前者華豔，卻洋溢著活潑潑的生命，超然的神韻。

從談話裏，我看出來這兩個少女交情不淺。我太愛奧，凡她覺得可親的，我自然也覺得可親。因此，我當然得對她顯示禮貌。

葉林娜關於時髦事情，顯然知道得頗多。凡是在托木斯克上演過的歌劇、電影與戲劇，她大都記得爛熟，如數家珍，滔滔向我們談個不停。某些方面，她還保存舊俄貴族的習慣，對於目前所處的這個時代與環境，她似乎並不能透徹了解。

前幾年由於一個幸運的機會，她曾隨父親到德國旅行過，在柏林看了不少美國片子。談到好萊塢的一些電影明星，她說她特別崇拜雷門諾伐羅和克萊拉寶，前者是著名小生，後者則有「熱女郎」之稱。

「啊，雷門諾伐羅的戲；眞是演得不錯，太好了！」

她大約指名片「賓漢」

「怎麼個好法呢？」我半開玩笑的問。

「啊，太好了！這種好是說不出的。您只有看了他的片子，才能感到這種好。」

我笑著問：

「眞是這樣好，好得說不出麼？」

「嗯！眞是這樣。您大約沒有看過他的片子吧？」

我說：

「一生中，我所看的美國電影極少，大約不會超過十部。」

我沒有告訴她：在我過去那種生活中，根本就沒有時間看電影。

她眼睛睜得大大的，好像聽見公雞生蛋一類消息。

「啊，太可惜了。您過去有的是機會，儘可多看些美國電影，早幾年我和爸爸在柏林，白天他出差，晚上天天去看好萊塢片子。這種片子，這兒根本看不到。」她神情中，又是羨慕又是懊喪。

這一天談話，便在好萊塢電影這個話題中結束了。

葉林娜不僅崇拜好萊塢電影，也崇拜好萊塢生活方式。其實，她看到這種電影，只是由於偶然的機遇，她對美國生活眞相知道得也有限。儘管這樣，她雖住居西伯利亞鐵路支線的一個小城，一顆心卻一直在巴黎、紐約盤旋著。她由偶然從國外寄入的一些報紙上、雜誌上，以及本地大百貨店的玻璃櫥窗中，蒐集得一些時髦資料智識，在我們面前賣弄。她生性活潑，總歡喜蹦蹦跳跳的，像壁爐裏的火苗一樣，滿身放射著鋒芒。——凡此種種，在以後的接觸中，我全看出來了。

對付這種女子，我的唯一祕訣，就是「敬鬼神而遠之」。如果不能「遠」呢，只得說說笑話。

我很體諒奧蕾利亞和這個女子的友誼。在她這樣的年齡，這樣的環境，誼屬同事，她不能不交往。

愛花的人，自然也愛葉子，主因是，葉常與花接觸，風一起，葉子和花就擁抱在一起；在葉子的身上，也有花的影子。

有時，我也願意與葉林娜接近，就是出於這種「花葉哲學」。

這時，我幾乎每天總要去看奧蕾利亞。看她，差不多已成爲我每天的老功課。我多半是下午七點以後拜訪，這時候，她已從學校歸來，吃過晚飯了。

我去的時候，她們多半正在飯後喝茶。這樣，我便可以加入。

有一天，在照例的時間，我照例去看奧。

她不在。

她母親在樓上找東西。

只有葉林娜獨坐客室烤火，正翻一本電影雜誌。

她告訴我：鄉下來了一個朋友，奧蕾利亞陪她到「巴尼亞」（浴堂）去了，過一會就回來的。

我聽說奧不在，立刻從桌上拿起帽子。

「哼，奧蕾利亞不在，您連一秒鐘也坐不住的！」葉林娜含譏帶訕的說。

我微微紅著臉，對她解釋：另外一個地方，還有約會等我。

「哼，還有一個約會！那您又幹嗎到這兒來呢？」她冷冷說。

我不得已，只好放下帽子，笑著招架道：

「啊，您的嘴巴眞厲害！我不走，成不成？」

她略略鄙夷的撇撇嘴，聳聳肩，冷冷道：

「咦，您這個人好奇怪！您走不走，是您的自由，與我有什麼相干？」她賭氣把臉轉過去，看壁上那張顯克微支畫像，不理我。

情形這樣僵，僵得出於意外。我只好屈就她了。我故意開玩笑道：

「喔，喔，葉林娜生氣了。葉林娜生氣了。明天托木斯克日報社會欄有頭條消息了。消息一定會這樣寫：昨晚七時二十三分零五秒，T中學優秀教員葉林娜女士，因故突然發怒五分鐘，消息傳出，全城人心惶惶。蓋女士每次發怒，均預報必有奇災異禍。猶憶女士某次發怒後，W村曾發生瘟疫，死牛數百頭。又某次發怒後，虎列拉突襲本城。——」

「夠了，夠了，您別再亂扯了。」

她笑了起來，用媚眼狠狠瞪我一下。

我也笑起來：

「中國民間有一段故事，說有一個人一生氣，天立刻塌下來了。幸虧您剛才是假生氣，否則，托木斯克非鬧地震不可，至少也要鬧霍亂。」

「亂扯！亂扯！冬天也有鬧霍亂的？」她諷刺我。

「冬天自然也有霍亂：那叫做『葉林娜式霍亂』。」我笑著說：「這種霍亂不會叫人死，只會叫人傷腦筋！」

「您眞是胡說！」

她笑著罵我。

我看她消了氣，便和她東扯西拉，漫談起來。我們從紐約百老滙談到月亮上的阿爾平斯河。從她衣服上的花邊談到倫敦的霧，從瑙瑪希拉（美國電影女明星）的頭髮談到希特拉的小鬍子。

她的談話像公子小姐們乘汽車兜風，隨興所至，漫無標的，非兜得筋疲力竭，絕不煞車。

我陪著她亂「兜」，自然是啞子吃黃連，有苦說不出。但是，爲了想見奧，我只得把黃連當白糖，硬往肚子裏吞。

這種「兜風」，我本只想敷衍她一下，就走的；後來，不知怎的，不經意中，竟和她「兜」了很久。這原因，第一，是因爲奧蕾利亞的母親下樓來了，我不能不陪她聊聊天；第二，怕葉林娜發生誤會，以爲我是故意敷衍她，因而對我發生反感，到奧蕾利亞面前說我閒話、壞話；第三，（這是最重要的原因），是因爲渴想見奧一次。我之所以和葉閒扯，全爲了等奧，閒扯得越久，我似乎覺得所蒙受的犧牲也越大，如不能見到奧，我太不合算，彷彿做生意折了本。這樣，越談著等奧，奧越不來，越不來，也越等，便消耗了許久時間。

後來，老婦人實在疲倦不過，便先去睡了。她要我們繼續談下去，說奧就回來的。

她上樓後，我看看錶，吃了一驚：已經十點二十五分了。

我決定告辭。

正要站起來，大門開了，一個人走進客室，正是奧蕾利亞。

「啊，你們都在這裏！」

她微微有點驚慌，旋即淡淡一笑。

「你們在談些什麼呀，這樣高興。」

我搭訕著道：「胡扯罷了。」

我旋即站起來，拿起帽子。

「打算回去嗎？」奧問。

我點點頭，說時間不早，應該讓她們休息了。

奧蕾利亞笑著道：

「剛才你們還談得那麼高興，一看見我來，就要走了，是不是我有點妨礙？」

我不開口，用眼睛斥責的望了她一下。

她裝做沒有看見，坐下來。

我只好又放下帽子，陪她們坐了半點鐘。

這半點鐘，葉林娜彷彿故意和我爲難，談話時，向我表示過分的親暱與關切，甚至稱我爲「你」而不稱「您」，弄得我不知所措。奧蕾利亞話說得很少，不時看看窗外夜色。

不久，我站起來告辭。

葉林娜也站起來，說是和我一同走。夜深了，她希望我送她一段。

我答應她。

奧蕾利亞沒有說什麼，只是笑。

上面的情形，自然是一種誤會。

像這種偶然的誤會，以後還遇到幾次。

葉林娜顯然有點存心和我開玩笑，帶著孩子脾氣。我呢，也沒有把這點點小誤會放在心裏，更未想到解釋。本來，這種事，不解釋倒沒有什麼，一解釋，倒麻煩了。

一星期後，我約奧蕾利亞禮拜六下午四時來看我，我想對她談談這些可笑的誤會。時候到了，我走下樓，打算在門口等奧。才跨出大門，我微微吃了一驚。我發現葉林娜在門外等我。我心頭頗有點納悶：「我並沒有約葉林娜呀！她爲什麼來呢？」正納悶著，一眼望去，遠遠的，一個年輕女子正匆匆向遠處跑去，看樣子，似乎和誰生了氣。

我吃了一大驚。

「那不是奧蕾利亞嗎？她爲什麼跑開呢？」

我再忍耐不住了，當即詰問葉林娜：

「您是和奧蕾利亞一道來的嗎？」

她搖搖頭。

「我先來的，打算約你去看歌劇。我來了不久，她就來了。上帝知道是怎麼一回事，她一看見我，就跑開了！鬼！」

我恍然大悟，當即冷冷道：

「對不起，我不能陪您看歌劇了。我另外有約會。」

說完了，不顧葉林娜臉上的懇求神色，立刻跑過去，追奧蕾利亞。

遠遠的，她似乎意識到我的追逐的影子，走得更快了。我於是加快腳步，幾乎是在奔跑，惹得行人全向我投來好奇的眼光。

追過一條街又一條街，直到市立公園門口，才給我追上了。

我緊緊抓住她的膀子。

「奧，你這是做什麼？」

「……………」

「奧，你爲什麼跑開呢？」

「……………」

「奧，你爲什麼不說話？」

「……………」

她始終不開口。

我們同坐在一張綠色長椅上。

公園裏到處是雪，行人幾乎等於零。一切空闊，也很寧靜。我們好像不是在城市，而是在深山中。

我緊緊捉住她的手，用最溫柔的聲音，把她的名字喚了三十遍，我幾乎是哀求的向她道：

「親愛的奧蕾利亞，告訴我：你心裏究竟在想什麼？」

「啊，最親愛的奧，難道我有對不住你的地方麼？告訴我吧：我願接受你的一切懲罰！」

「啊，奧，你憐憫我吧！別再這樣沉默了。你忍心對你最愛的人這樣冷酷麼？我過去是怎樣對你的？你過去是怎樣對我的？生命是短促的，我們怎能把生命消耗在無謂的誤會上呢？」

她不開口，倒在我懷裏哭了。

她一面啜泣，一面斷續說出葉林娜的名字。

這滲透眼淚的聲音如一柄金鑰匙，終於把斯芬克司的謎之門啓開了。我輕拍她的肩膀，用最虔敬的態度，用我所能搜尋到的一切理由，向她解釋這個可笑的誤會。我的淚水不由自主的流出來。我聲淚俱下的告訴她：我實在不能忍受她的誤會，她如果不了解我，生命對我又有什麼意義？她如果誤會我，整個世界對我也只是一片空虛，一種「白紙狀態」，一個又冷又死的固體！

「在這冰天雪地裏，我唯一的朋友只有你！你是生命中唯一的火。你使我身子溫暖。你使我眼睛發光。如果沒有這點火，我將永遠受黑暗和寒冷折磨，它們會把我的靈魂撕成粉碎。每一夜，我所有的夢都充滿了你，你的笑、你的淚，你的聲籟。每一天，我所有的時間幾乎都用來回憶你、想念你。我回憶你的每一句話，我想念你的每一個動作。我不僅跟蹤你的生活細節，我還追蹤你的思想。你的思想的每一條陰影，每一折起伏，每一片摺疊，我全跟蹤著、咀嚼著。在這一生，我只遇見一顆眞正美麗的心，這就是你的心。我要把它一遍又一遍的咀味，像嚼水果似地。我要把它偷偷的深深的藏在我自己的心裏，像猶太人珍藏珠寶。你知道嗎，每一個日子，未見到你以前，我是怎樣的焦灼？我在房裏來回走著，一次又一次的踱著，好像是在墳墓底層走著；我的生命彷彿溢滿了黑暗。直到見了你以後，和你在一起，我才深味到眞生命、活生命！啊，和你在一起，無論是談天，是走路，是沉默，都美、都好。有了你，什麼全有了。你像一個神，給我安排了天國的華筵，天堂的滋味。你不在，一切全魔術般地變了，變得那樣陰慘，我只有讓眼淚往心底流，悲酸的忍受著。你知道，我現在爲什麼特別愛惜起生命？這是因爲你！因爲生命就是你的笑，你的一瞥，你的一招手。有了你，連這片冰雪大地的冷氣都顯得怪暖和的、怪芳香的。一個新的美麗世界呈現在我面前。啊，我簡直成了一隻寄生蟲，寄生於你的愛情之樹上，我是多麼可憐的依附著你。你走了，一切溫暖、生命、光亮，都走了、都完了。……啊，原諒我吧，原諒我吧，奧蕾利亞，奧蕾利亞！……你要是不原諒我，我將呼喚你一千遍，一萬遍！……啊，奧蕾利亞！奧蕾利亞！奧蕾利亞！……」

她用臉頰堵住我下面的話。

不久，她伏在我懷裏，流著淚道：

「我深切的知道，猜疑和嫉妒會使一個人變得褊狹、小氣。我好幾次警告自己：不要犯這樣的錯誤。但我終於犯了：因爲我，我，我，我……」

她說不下去了，又大哭起來。

離開公園時，她向我提出一個天眞的要求：

「葉林娜未經你約，就來看你，並且特別故意和我爲難，這有背於一個正直人的行徑。你若是眞沒有約她，眞和我好，你必須寫一封信責問她。信寫好了，交給我，由我發出去。」

我說：這樣的要求，不要說是一個，就是一百個，我也可以答應。如果她還誤解我，只要她願意，我立刻可以用戰刀把我鮮紅的心解剖給她看。

聽了我的話，她緊緊擁抱住我，說不出一句話。我覺得自己是被一種鎔鐵的熱情所溶化了。

第二天，我派人送了一封信給她，裏面附了一封責問葉林娜的信。大意是：我並沒有約她，她故意和我爲難，來看我，妨礙了我和奧蕾利亞的感情，這不是正直人應有的行徑。……

翌日下午，我去看奧。上樓後，她把一封信插在我的大衣口袋裏。我取出來一看，正是那封給葉林娜的信。

「啊，這封信，妳還沒有發出去？」我很詫異。

她笑了笑，嫵媚的道：

「你當眞以爲我是那麼小氣，連一個女子來看你都不許嗎？——我不過是故意試探試探你！……啊，最愛的！我眞不知道怎樣感激你才好。你對我太好了。……請千萬原諒我的一時嫉妒吧！那個時候，我整個人一片昏眩，彷彿天全塌下來了，眞不知道怎樣才好。理智上明知道有點過分，情感上卻無法控制。眞可怕極了！……現在，我已經眞看透徹你的眞心了。」

她用感激的眼睛望著我。

這以後，我們不再提起這件事。

葉林娜知道了這一切後，很有點抱歉玩笑開得過火，以後，有一個時期，似乎不大好意思再和我們接近，漸漸與我們疏遠了；這在我們，正是求之不得。然而，時間長了，奧又主動和她恢復友誼，不過，葉當我面，不敢再像過去那樣放肆了。

一六

風吹過去了，陰霾也吹過去了，天空又回歸明淨。我和奧蕾利亞的愛的天空也恢復澄潔。

我們像是兩片樹葉子，翩翩飄入一座無比深的幸福深谷，一直飄下去，……

我們最愛散步，特別是在陽光極明亮的星期日。

緩緩穿過一條又一條街，大多人跡比較稀少，空間幽靜。這時，一切塵俗喧囂聲都從耳邊消失了，全世界彷彿只剩下我們的腳步聲。

一些美得令人不忍欣賞的月夜，我們在冷僻的街上散步。大月亮由遠遠的森林後面升起來，襯映著密札札的針葉樹上的雪光，反映出一片淡青色的光芒。月光照在希臘教堂的藍色圓頂上，閃射於它的米黃色牆垣上，灑落在晶白色的雪地上，現得無比的冷豔而安靜。托木斯克的教堂相當多，這些古羅馬風的建築，洋溢著基督福音，把迷濛的倒影描畫於雪街上，使我們感到一派莊嚴與和平。

月光摟著奧蕾利亞的美麗身影，撫著她明亮的臉龐，雪亮的眼睛。她在銀光中爽朗的笑著，笑聲攪拌著月光。

我們的散步，有時要延長到午夜。這時，已是春季，天氣不太像深冬那樣冷了。夜越來越沉，我們的話語，也愈來愈少，大部時間沉默著。雖無一語，只要兩條溫熱的身子不時接觸，我們就感到有千言萬語。她不時停下足步，神妙的盯著我，四隻眼睛在月光中纏在一起，每一隻眼都閃射月光的亮度，直至走入一片咖啡館。

托木斯克四周環山，中間是盆地，城裏有不少高坡。有些街道作波浪形的起伏，地上積有幾尺深的厚雪，凝凍而光滑，上坡時很費力。按體格說，我遠比奧強悍，自然該我攙扶她。可她總歡喜扶持我，像一個年輕母親扶助一個才會走路的孩子。她這樣做，完全出於母性的本能。她的暱愛感動了我，我不忍拂她意思，只好順從。這樣，每次上坡，只要她一伸手，我就像孩子似的把身子湊過去。她似乎向我招手道：

「上來啊，好孩子！」

身子被挽在她手臂上，我忍不住向四面望去，行人寥似晨星，每一家的門深扃著。暈黃燈光從「雙重窗門」內透出來，偶然雜著曼陀鈴的隱隱聲音。……

……………………

氣候變化，有時並不影響散步。深夜，狂風如萬千虎豹梟吼、猛嘯，我們偶爾依然互挽著腰肢行走，稍稍低下頭。夜獰惡、無光，我們像落在暴怒的大海裏，足步在奔騰澎湃的波浪上前進。風不斷咆哮，這種風，只在靠北極地帶才有，俄文稱「怖亂」，日文叫「大吹雪」。它從北冰洋衝來。我們的腳步聲完全沒入大風中。整個世界好像已經崩潰，只有我們兩個人還活著。我們似在享受宇宙的憤怒。

「嗚，嗚，嗚，嗚，嗚……」風厲號著、瘋叫著。

我們突然站定，似站在宇宙空間深處，像星球望星球；互望著，忽然對笑了。

……………

離開奧蕾利亞，一部份時間有時消磨於啤酒店。除了喝啤酒，彷彿覺得再沒有事情值得我做，圖書館已經少去，我開始有點討厭書本。

淡黃色酒液滑過嘴唇，大麥的香氣激蕩在空氣裏，連我的汗毛孔似乎也流出芳香。酒液經過胃的消化，吸收到血管中，全身變得溫暖、舒適。高粱酒或伏特加所給人的溫暖，像一顆急性炸彈，猛在身上爆炸開來，剎時間，體溫上漲到某種高度。啤酒所給人的溫暖是慢性的，漸漸將體溫昇高起來。

一邊喝啤酒，一邊凝望窗外遠方。

冬季，過度凜寒使冷氣結成一層透明的形體如白霧，本地人稱爲「杜曼」。它到處張掛，不斷散灑奶白色的粉末子，似碎鹽，又似小雪珠，落在人臉上，像針刺一樣痛。冬天的陽光相當稀有，最慷慨時，每天只不過照射兩小時左右。冰寒鎮壓了一切。遠遠的，在「杜曼」網覆下的森林與山嶺，渺渺茫茫，浮現一片乳白色。狂風吹過，林海抖動起來，被「杜曼」所糾纏的樹梢，立刻變成無數隻銀獅子。望著，望著，我感到一種奇怪的迷惘、疲倦。「我就是這樣支付自己的生命嗎？」我問自己。

現在是春天了，雪已開始溶化，樹木漸透綠色嫩芽，預告一個柔美而溫和的季節。遠方「杜曼」的白色網已經沒有了，群山群樹的尖梢閃耀著棕色陽光。街上行人更多了。「這就是春天嗎？」我問自己。

四周一陣陣囂雜聲響起來，令人感到沉悶。我好像是隱藏在罐頭裏。

我重新舉起高高酒杯。

……………………

我之厭惡書本，不斷接近啤酒，這預示：另一種心情開始干擾我的生活。

那個明天的「明天」，渺茫的「未來」，像一個奇異彪巨的精怪，漸漸的，從瀰漫的「杜曼」後面，從發軔溶解的化雪聲中，慢慢的，由一片矇朧變得清晰了，正在山間林海中浮顯，站直了，向我緩緩走來。不管我怎樣緊閉眼睛，仍聽見牠的腳步聲。

三個多月來，我把自己深埋在一份夢境，爲了抵抗現實生活的空虛，正如我在街上走時，將頭緊裹在皮大衣高高水獺領子內，爲了防禦四周冷風與嚴寒。然而，有時候，一個行路者，仍不得不從領子內抬起臉，凝視前面物象；同樣，我的祕密靈魂，此刻也不得不注意前方——未來的一切。於是，我聽見上述腳步聲。經驗告訴我：不管你怎樣努力，你總不能把你的生活絕對單純化，單純的享受、消磨生命。一大堆「複雜」永遠守著你。你能暫時讓自己「單純」一個時期，卻無法永恆如此。這種「複雜」和那個精怪是孿生子。

怎樣才能叫我們的夢境與這對孿生子和睦相處呢？

第一次，我對自己環境作了一次深邃分析。

我們這個世界，永遠是混沌且矛盾的。我們的時代也是。我目前暫時棲身一枝的國家，也是。曾有一個時期，它並非如此，一種似乎能夠統一全人類精神狀態的偉大信仰，把一切混沌澄清了。有好幾年，人們完全擺脫了心靈的矛盾。當時，我雖不在這兒，可我卻在另外空間，呼吸到它的和諧氣息。但一九二五年以後，特別是這幾年，情形越來越變了。馬雅可夫斯基對準自己太陽穴所發的鎗聲，是一個信號，象徵新的混沌又將肇始。千千萬萬曾爲這個國家流過血淌過汗的人，被流放、殺戮，投入牢獄。許多純潔的靈魂，又恢復了矛盾的精神狀態。在這種氣氛下，我和奧的感情、前途，只要我們一想起，就不免蒙上一層暗影。如果是十年前，我們儘可自由結合，可現在——

單單我們的愛情享受，往後拖長了，惹人耳目了，可能就會遭到困難。至於永恆結合，絕少可能。先不說我的身分、處境，就拿她說，這幾年裏，現實力量本身，就又漸漸恢復傳統對她的壓力。老一輩俄國人從未忘記，他們是波蘭的征服者。這種高傲的「主人」意識，隨著目前形勢發展，在新的一代也產生影響。要談這些，三天三夜，也談不完。只要說明一個事實就夠了。八年後，那一紙德蘇互不侵犯協定，就進一步證實了目前她所感受的一切。這個號稱最進步的國家，卻和希特勒合作，共同又一次瓜分波蘭。這一殘酷事實，在我和奧相愛時刻，雖未顯露震動人心的迹象，但植根於大斯拉夫主義精神中的許多蛛絲馬跡，早已被我們——也被這個國家的許多人所敏感了，而且，形成一種違背它的立國精神的社會勢力了。情形如此，作爲一個曾經是亡國奴的波蘭少女，如想隨心所欲，和我永恆結合，肯定是難如登天。

正由於這些，有時我才感到苦悶，常藉啤酒解愁。我似乎沉醉在二千年前彭貝城的古羅馬狂歡節中。當維蘇威火山未爆發前，這個小城儘可享受它的節日。

我這種得過且過的態度，——是在火山腳下跳舞的態度，並不能埋葬那些不大可愛的事情。

有一次，我們第一次談到它們。她坐在我身旁，兩隻寶石藍的大眸子直直望著我，激動的道：

「怎麼辦呢！……親愛的，你難道不想把幸福永遠留在身邊麼？」

她的臉孔，時而憂愁，時而興奮，我看在眼裏，不得不冷靜的作如下分析。

如想把幸福化永恆，在我們面前，只有兩條路好選擇。一條是：我永遠留下來。一條是：將來她和我一道離開這兒，連帶她的母親。

聽了這些，她也冷靜下來了，好一會，沉思不語。

「你留下來，可能麼？他們同意麼？即使能留下來，將來會發生什麼事呢？」後一句話，她指這個國家目前到處出現的跡近恐怖的氣氛。

她知道，即使萬一她這三個「？」有一個樂觀答案，（事實上很少可能，）然而——「你得永遠拋棄你的祖國獨立革命的事業，哦，徹底把祖國扔在一邊。……啊，不，不，這個犧牲，對你太大了，我不能接受。」

剩下來的，只有一起離開。

「啊，林，只要能離開這裏，隨便什麼海角天涯，我也願跟你去，媽媽也願意。她絕不會離開我。」苦笑起來。「當然，經過波蘭時，我們可以住一個短時期，那裏，還有我的一些親戚哩。」

我告訴她：如果眞能一起出走，儘管我是流亡者，只要一到中國，還是有辦法的。上海市有我們的流亡政府，還有一些韓僑，其中有幾個，是我的親戚。不管怎樣，總有立足之地。

可是，怎麼個離開法兒呢？「一起離開」，這四個幸福字眼的實際可怖涵意，在誰的面前，都比太陽還明白。

可誰都知道，古往今來，不論哪一種強烈愛情，全能叫人頭暈目眩；一個人的思想，常常因此離開正軌。人們更經驗過：這種特殊情感，也會使人產生種種特殊的勇氣、幻覺，並想像著各式各樣的奇蹟。奇蹟往往是「勇敢」的獨生子。我不禁想起，當年拿破崙的海軍在英倫海峽吃了敗仗，他卻轉海上敗仗爲陸上勝利，帶大軍遠征埃及——一個對他完全陌生的國家，取得輝煌功績。這正是高度勇敢的果實。（自然，還得加上智慧。）

接受這類啓示，以後兩星期，我和她不斷研究種種隨軍出走的辦法。

根據我得到的最近消息，中俄雙方正在談判復交，將來，遲早會通過正式外交關係，把我們這一支隊伍送回祖國。

只要我做好充分準備工作，在一支近兩萬人的軍隊中，偷偷窩藏兩個外人，應該不成問題。她們母女兩個，儘可以喬裝打扮成男人，換穿軍服，塞到潮水樣的士兵中間。不妨託詞臉上長瘡、發炎，用紗布蒙住雙目，再在其餘部分，紮以白色綳布，使人看不出廬山眞面目，由我黑夜把她領上車（估計爲避免日本間諜耳目，總是夜間上車，）混在士兵中間，冒充病號，一直睡著。她母親是老年人，化裝老翁，比較容易，只要用圍巾把臉大半包裹著，棉軍帽前簷帽摺放下來，擋住眼睛，就行。一上車，她大可躺著裝病，不爬起來。

關於飲食等等問題，只要我和周圍士兵搞好關係，不難解決。火車開駛一星期，就抵莫斯科。估計當局不會派人上車攔查（即使攔查，也可混過去）。再一周，就可出國境了。

至於向T中學請假，（如我們軍隊在暑假期中開拔，她根本不需請假，）可藉口莫斯科她有一個親戚患重病，她們母女須去探視。

她們所有動產——包括現金，可設法先在黑市售賣，或兌換美鈔和黃金。至於不動產，可以先向葉林娜一家談好，以最廉價格，讓給她們。她家和後者是多年老友，而葉林娜思想一直傾向西方，無論就道義、或利害說，葉終會同情她、支持她的。

以上種種關鍵性的問題解決了，剩下來的枝節困難，較易克服。

第二個星期日，像發動第一次世界大戰的德國參謀總部，我們把全部作戰細節擬定了，她眞像一隻「雌老虎」，撲到我懷裏，又是眼淚又是笑的道：

「我們這眞是寫一本新福爾摩斯偵探小說，當最後一行完成時，那就是我們眞正人間天堂竣工時。啊！親愛的！親愛的——」她不是希臘教徒，卻在胸口連連畫了幾個十字。「願天主保佑我們！」

「就這麼說。我們這就著手準備。不過，和葉林娜一家談判，要等將來我們軍隊確定開拔前，才能進行。那時，總有一些時間，讓我們辦好這件事。從現在起，我得開始拉攏那些能幫助我們的官兵。」

我告訴她，這是我的運氣：在東北時，一位韓僑富商同情革命，也敬重我，曾贈我三根金條，以備我萬一需用。我一直藏在身邊，不敢隨便花費。想不到，此刻倒可派點用處了。

「聽你過去作戰故事，你一直是個了不起的軍人。我相信，你會打勝這一仗的。……啊，你眞像當年羅馬安東尼一樣，完全爲一個女人打這種仗。」

我也笑了。

「奧，在打這一場仗之前，我們先得玩幾天。這以後，日子夠緊張的，怕不再有玩兒的輕鬆情緒了。你不說過，四月中，學校放春假，有幾天假期？臨時找個理由，再設法續幾天假，湊個一星期，我們到鄉下玩玩，好不好？我們從未單獨出去旅行過呢！」

「那太好了，我也早有這意思了。……到鄉下去！到鄉下去！托木河的美麗流水聲，早等著我們呢！」

我暗自忖度，原有兩件大衣，一件是呢的，一件是皮的。天氣漸漸暖了。我可以賣出皮大衣，換得一筆巨款，供我們蜜月揮霍。

一七

春天來了，薔薇花苞快開了，雪融化了，迷人的鳥雀開始歌唱了。我和奧蕾利亞心裏的鳥雀也歌唱著。

這一星期過得太美了。我們不像生活在人間。簡直是做活神仙。也許，眞正的神仙，也未必像我們這樣幸福哩！

我們相約：爲了面對即將蒞臨的那一堆搏鬥的日子，這個星期中，我們要盡情享受，不許談一句正經話，做一件正經事。我們要讓我們的全部生命都沉浸於歡樂中。

超越一切的，是那一個個新的迷人午夜，它站在我們面前，正像窗下托木河邊的樹木，顯得巨大、堅實、搖晃、多姿。它是一個眞實體，又是一個神異體。它以眞實的黑暗淹沒我們視覺，又以幾乎無色之色，激起我們的神異想像。

眞正，這種午夜，假如不是地獄的極致，就是樂園的極致。有許多許多痛苦的形體，曾出現於午夜，有許多許多最美的形體，也曾出現於此刻。在地獄與樂園之間，有時，像塔克拉馬干大戈壁寒夜和印度夏季白晝，中間隔了一層不可攀越的喜馬拉雅山，有時，卻又像手掌與手背，所距還不到一寸。

幸運的我們，卻在享受著樂園。

一枝非常瑰麗的形體，從午夜深處昇起來，浮現於我四周。它以特有的胴體香味包圍我，使我沉沒入一泓神妙境界。

可我更歡喜扭開燈，像一個畫家，欣賞奧蕾利亞的形姿。在長長的、薄薄的粉紅色睡衣內，那些半圓與橢圓，弧線與直線，新月與落日，三角形與海灣形，圓椎體與提琴體。一個西方女人形體的優美線條，是那樣生動，富有曲折性，又如此充滿大自然的彈力，對一個東方人說來，簡直是極大的蠱惑。

我熄了燈。

這是一個眞正的午夜。

一種神秘的節奏、韻律，像一闋奇妙的雅典豎琴演奏，從她的髮、額、眼、鼻、嘴、頰、頸、肩、胸、臂、腿、脛——足尖，雨點樣灑向我，使我感到極度豪華的沉醉。這種沉醉，達到最高潮時，我簡直是在傾聽十九世紀浪漫派大師斐里遼斯的「幻想交響曲」，一片極其魔魅的彩色旋律，正像它最後樂章的巨大鐘聲似地，無比深沉的，直敲到我心靈底層。

老實說，這並不是我第一次接觸異性。但過去，我只是偶然渴飲水、饑餐食式的找尋刺激。只有這一次，我才能以一種巨大的詩情，又深湛、又幽玄的，欣賞一朵氾濫詩意的午夜。

黑暗中，深深注視我（這是憑我的神秘感覺），她微微喘息著，低低道：

「像今夜這樣的幸福，將來我們還會再有麼？」

我輕輕撫摸她的臉，低低道：「好的事情，永遠會再來的。」

停了一會，我溫柔睇望黑暗中的她。

「在你的全生命中，這種奇異的沒頂，還是第一次吧？」

她用手背堵住我的嘴。

「正因爲這是第一朵創造性的蓮花，我才感激你；因爲你叫我變成一個眞正的女人。」她似乎閉上眼。「從前，我只能算半個人。」

「……………………」

「你接觸我時，我的感覺怪異樣的。我像一座蜂房，千千萬萬黃蜂，突然『嗡嗡嗡』飛出來。我不知道，天下還有什麼別的經驗，能像一個女人新婚夜的感覺。它是那樣神奇、華麗，我簡直完全不認識自己了。在我自己軀體內，彷彿突然發現另一個完全陌生的女人。她什麼都是，就不是我。」她緊緊抱住我。「哦，我最愛最愛的！

這個時辰，即使死在你懷裏，我也甘心。」

……………………

「眞奇怪，不管你在說什麼，做什麼，也不管你怎樣瘋狂，可你整個形象與聲音，仍像大自然的一部分，一種絕對美學的化身！——千千萬萬朶玫瑰花的化身！」

「在人類歷史上，人們曾有過萬萬千千次『眞夜』，卻極少有人敢公開的坦白的談它們。好像這種午夜，越封閉越好，這種詩情，埋藏得越深越好。而且，離任何文字語言，愈遠愈好。其實，在那些『眞夜』中，瘋狂的男人和女人們，誰沒有瘋狂的談過呢？那是所有語言中最人性的、最不撒謊的。在未來的回憶中，這些時刻將像香料一樣，給所有記憶的形象增添無窮蠱魅。沒有這些香料，任何愛情只是一幅素描，缺少一份巨大的完整的魔祟。」

她聽著，聽著，不響了，漸漸、漸漸的，頭匍在我懷裏，睡覺了。

鎭上有一家招待所，專接待外地遊客。它是舊俄貴族留下來的華麗建築之一，原是一個伯爵的別墅，此刻卻改爲變相旅館了。我們賃了一個頭等房間，室內設備，可稱齊全，有壁爐、地氈、沙發，和一些精緻家具。兩面全有白色窗牖。一面憑窗可眺望托木河，另一面，則俯臨一座小花園，園內蒔植一些常綠樹木。

每個清晨，一聽見鳥叫，我們就醒了，並不起床，卻儘在枕邊說癡話，或是默默對笑，直到太陽照上兩張紅撲撲的臉，才慵慵的、甜甜的起來。

早飯後，我們跑到托木河畔聽水、看水，瞧一些木筏子輕輕流下去。奧蕾利亞倚在我懷裏，低低哼一些小歌曲，只聞聲音，不聽歌詞，幾乎全是喉音、鼻音。哼得最輕時，只我一個人聽見，好像是隱隱約約的遊蜂音籟。我愛這種情調，有時候，一兩個小時，就這樣滑過去，我絕不打斷她。聽到最後，哼聲與流水聲響成一片。

午飯時間，我們在房內吃。奧蕾利亞是那樣淘氣，常用叉子把菜送到我嘴裏，彷彿我是不會吃飯的小孩子。我們一面吃，一面對望、對笑，那微妙滋味，是不能形容的。這個時候，我們有時不一定要表示什麼，說什麼，只要意識到她是在我身邊，我是在她身邊，單是這一「意識」（作動詞），就夠人銷魂的。可不少時候，她簡直變成一個很胡鬧的小孩子。她不時跟我交換食盤，最多時，交換十幾次，越換越快，再也分不清誰吃誰一份了，她就撲到我懷裏大笑。如果飯後吃長長的橡皮糖呢，我們就很頑皮，一人咬一頭，愉悅的嚼著，嚼到最後，終點是一個吻。

午飯後，休息一會，我們到田野間散步，隨興所之。一行走，一行閒談。也不知道哪裏會有這樣多話談，永談不盡、說不厭。走累了，就在農家的乾草場上休息。高興呢，就朗誦幾首西方名詩，或是自己寫一兩首；不高興呢，我們就和農家的老頭子或小孩子閒談天。回去時，滿捧了一大束野花。

晚飯後，我們躺在壁爐邊，喝濃咖啡。情人的話比流水還長。聊倦了呢，她彈彈吉他。彈一會，又談。從談到彈，從彈到談。

直到很倦很倦，在爐邊假寐一會，才正式上床。

不知由於什麼奇緣，我們竟從一個古董雜碎攤頭買到一些奇異貝殼。坐在河邊，我們開始欣賞這些海產品。

我凝望她，笑著道：「在這樣緻麗天空下，春天河水濱，你的眼睛像藍玉貝，你的耳朵是鳳螺，你的臉是珍珠貝，你的嘴唇是紅色榧螺。」

她笑著道：「你的眼睛是綏貝，你的臉是日月貝，你的嘴是紅蛤。」

「你的胸膛是夜光螺，你的魅力是蜘蛛貝。」

「你的胸膛是蜀紅螺，你的腳是馬蹄螺，你的魅力是天狗法螺。」她咕咕笑著。

「我的嘴是天狗法螺。」我笑著。

「你對我夜夜吹法螺。」她笑著。

「一直吹入你心靈最後一間密室。」我笑著。「你是傳說中的蜘蛛精，夜夜織網捉男人。」

「那麼，讓蜘蛛貝和天狗螺結合在一起吧。——他們正好一對。」

她大笑著，倒在我懷裏。

「我們現在的生活，眞像螺殼裏的生活，我們生活於日月貝和紅口榧螺內，除了那些雨虹樣捲成的一圈又一圈圓圈，蝸牛樣的圓圈，什麼也看不見。」

「不，我們是貝殼，永遠聽見遠處北極海的聲音。——大海的幸福。」

「這條托木河的綺麗波浪，正是我們幸福的化身。是我們的幸福在流著、動著、響著、唱著。」

是的，波浪！我們生活裏滿溢幸福的波浪。我們的眸子有波浪色，聲音有波浪音。臉上、髮上、肩上，有波浪影。即使我們的夢，也有波浪的節奏。我們不是肉體，是河船，永遠隨幻想的風飄走。四周波浪湧顯一條條弧形，這些弧正代表宇宙間的圓全、美滿。我們雙雙美滿的躺在河邊沙灘上，躺在風中，陽光下。

越是愛，越想獲得更多的愛。愈是結合，愈想達到更深的結合。在白晝光裏，這種愛的結合，無法表現得更緊密、深沉。於是，我們尋覓黑夜。我們自己房間的夜，可還不夠幽黑、濃釅，於是，便找那更廣大的、更豐富的。

我們愛在托木河岸的黑夜散步，臂挽臂，頭靠頭，一行走，一行耳語。喃喃河水應和我們的聲音。紫色星星照射我們的腳步。

「我們走到哪兒了？」我問。

「管它！只要在你身邊，我願隨你走到海角天涯。」

「你不怕人們笑我們是瘋子？」

「這種時候，只有瘋子才眞正幸福。」

我停下步子，凝視她的眼睛。

「我要瞧瞧你，瘋得怎樣了？」

她噗嗤笑了。

「我的情感是瘋的，思想可像天上星星一樣清楚，好照明我的心情。沒有一秒，我不深深欣賞我的被照亮的情感，因爲，它裏面有你的形象、性靈。你像一座花園，投無數花枝招展的倒影入我情感的河流。」

「哦，親愛的，我可一直感應著你的體溫，聽著你的心臟的跳動。」

「你不感覺到一種火燄的噴射？火燄的跳動？」

「是眞實的『春天』的噴射，花朵的跳動。萬千生命全匯成巨流，從我血管流入你的血管。」

「哦，你這一提醒，我倒彷彿有點要熔化了。……我有點暈眩感覺。……」

「親愛的，你累了。我們憩一會吧。」

我扶著她，共坐在河邊一塊大岩石上，她的臉埋入我懷中。

「愛，你不想看看托木河裏的星光嗎？」

「不，你胸膛中有更多的河流，更多的星光。」

「那麼，你就是一隻船，讓我慢慢搖吧。……搖啊！……搖啊！……順流而下。……流到世界一切海洋中。……」

我當眞用雙臂摟住她的身肢，輕輕搖著、搖著。

「哦，親愛的林，你說，這個時候，天堂裏的天使們，會像我們這樣幸福麼？」

「怕不會，因爲我們把他們的黃金時辰全消耗完了。」

奧蕾利亞的頭髮眞長、眞亮、眞濃。我常常對它們凝望，像望一片幽暗的小樹林。

「傻子！爲什麼老這樣癡望著我的頭髮？瞧你的神氣！好像我的頭髮裏藏有蜜糖似地。」

她輕輕打了我一下，忍不住笑起來。

我抓住她的手，輕輕道：

「不，你的頭髮裏並沒有糖，卻有海藻的氣味，叫我聯想起海水，和異國的海灣，異國的帆船。我在裏面看見異國的情調，媚人的、可口的、誘惑的，……」

「你大約還看見異國少女的臉，是不是？」

「是的，我看見異國少女的臉，明亮的臉；亮得像閃電，它的主人名字叫奧蕾利亞。」

她含惱帶恨的望了我一眼，嘆了口氣道：

「唉，你可眞會恭維人。你有一副魔鬼的嘴唇。你也眞正是我命中的魔鬼。」

我輕輕把她攬到懷裏，笑著道：

「我即使是魔鬼，也是一個叫你幸福的魔鬼，是不是？上帝只能叫人倒楣，只有魔鬼才能叫你活得舒服——是不是？」

她含情的望我一眼，嫵媚的道：

「當眞，你確是一個可愛的魔鬼呀！我怎樣感激你呢！」

「隨你意思。只要你想出的，都好！」

她沉思了一下，笑著道：

「我想起了。剛才你不是說我的頭髮像海水麼？現在，朕頒御旨，賜予你海水浴一次，好不好？——」

我不響，把臉深埋在她的髮叢中。我呼吸到丁香花的香氣。

在海水裏沉醉了好一會，才抬起頭，頑皮的用手捉住她的幾縷髮絲，藤蘿似地纏在手上，輕輕問：

「痛嗎？」

「不！」

「爲什麼？」

「因爲我愛那隻使它們痛的手。」

我笑了，鬆開手上的髮，感激的撫摸它們，又用手指爲她梳理那些亂髮。我一面梳，一面天眞的道：

「奧，你是不是覺得愛情是一個最頑皮的孩子？它逼我們常常做出怎樣不近人情的傻事？我有一個朋友，常和一個女友在一起看電影。後來，她走了，他每次看戲時，仍買兩張票，讓身邊留一個空座位，你說有趣不？」

「這不是有趣，這是偉大！」

「是的，這是偉大！」

我喃喃著，被窗外的春氣弄醉了，也被奧蕾利亞身上的香氣弄醉了，我覺得週身血液衝上臉。……

夜晚來了。我們睡得很遲。享受使我們忘記了疲倦。我坐在壁爐邊的地氈上，她躺在我的腳下，像一隻貓。她說：她最愛做一隻被太陽光烤得暖暖的貓，我就是她的太陽光。此刻，我們四周，是黑色旳夜。黑暗中，只有壁爐內的木柴火光跳躍著，像紅蝴蝶似的使室內充滿一種靉靆的紅光。火光照亮奧蕾利亞的臉，她的眼睛分外明亮了。

她拉著我的手，輕輕道：

「給我講一個故事吧。不要用情人的神氣，要用一種哥哥對妹妹的態度講，我不是你的最好的妹妹嗎？啊，林，我親愛的哥，對我講吧！講一點童話或者神話，最好說一點夢與花園的故事，即使我睡覺了，也別停止，好讓我在夢裏也聽見你的音響。」

我撫摸她的頭髮，溫柔的道：

「是的，奧，我的好妹妹，我應該為你講一點童話或者神話，講一點用蜂蜜而不是用墨水寫的故事，談一點用尼羅河畔的蘆葦蘸著麋鹿的眼淚寫在菩提樹葉上的詩句。不過，現在我只想講一個二十六歲少女的故事。我要講這個少女怎樣變成一個流亡軍人的情人。——好不好？」

「討厭，你幹嗎總要拿我開心呢？」

她撇了撇嘴，不響了。過了一會，她笑起來道：

「好，你這討厭的無賴漢，講吧，講我吧，講這二十六歲的少女吧！不過，要是講得很壞，我一定要懲罰你。」

「怎樣懲罰呢？」我笑著問。

「我要重重打你三下手心，重重絞扭你的頭髮三次，並且三天不給你吻！」

我吃驚道：

「好厲害的懲罰！上帝對撒旦也不過如此。我不相信我的女神狄安娜會做出比尼羅皇帝還殘忍的事。」

「會的。會的。」她堅決的說。

「那麼，我如果講得不壞呢？」

「那我當然給你一份報酬，一份絕不會叫你失望的報酬。」

我於是開始講：

「……很古很古的時候，在一萬年或兩萬年以前，一個叫做奧蕾利亞的二十六歲少女來到托木斯克。她來自波蘭原野。她到托木斯克的曠野上找眞理，像耶穌似的。可是，曠野告訴她：天下的一切眞理中，最眞最眞的眞理只有一個，就是床。對於一個少女，床就是她的最高眞理。」

她還未聽完，就很嚴肅的道：

「刁鑽的流氓，我非重重打你手心不可。把手伸出來！」

我把手伸出去，但她並不打，卻拿來貼在臉頰上，暱愛的問：

「我的臉燙不燙？」

「啊，燙、燙極了！——這證明我的故事有著十足的魔力啊！」

「不、不，你講得很壞。我要重重打你三下手心，三次絞扭你的頭髮。」她從臉頰上取下我的手，輕輕打了三下，又輕輕三次絞扭我的頭髮，接著說道：「嗯，我還要三天不給你吻。看你還敢罵我不？」她看看腕錶。「記住啊，現在是十點十五分，今天、明天、後天。要到大後天十點十五分以後，我的嘴唇才向你開禁。」

我輕哼一聲，笑著道：

「我不相信你會像女巫一樣殘忍！」

「一定，一定。」

「那麼，好，你曾經向我宣過誓，說我是你的嘴唇這份財產的唯一保管人。現在，我以保管人的名義命令你：湊過你的嘴唇來。」

「在大後天夜晚十點十五分以前，你沒有權利要求。」

「湊過你的嘴唇來！」

「不，大後天晚間十點十五分以後。」

「不近人情的小野蠻，難道我們必須手裏拿著鐘錶才能談戀愛麼？你願意我們都變成鐘錶匠和機器匠麼？」

「不，大後天晚間十點十五分以後。」

「好沒來由的人！瞧，滿屋子都給你弄得有機器油的氣味了。」

「不行，說什麼也不行！」她堅決的搖搖頭，強硬得像一只小虎。

「好，你非叫我模仿俄國沙皇的作風不可嗎？」

「不講理的，儘耍野蠻，不害羞麼？」

「是的，不害羞。我原本就是從東方一個野蠻國度裏來的。」

「不、不、不，……………」

她咕咕笑著，閃躲開去。

終於，她坐起來，用一種讚美的口吻道：

「得了，我不再和你逗笑了。可愛的無賴漢，我應該對你說句公平話了。你剛才的故事講得很好。它雖然是爲了罵女人而編的，但我依然要讚美你，罵得很好。對極了，一百個少女，有九十個確是爲床而生的，雖然我絕對不是。我必須實踐諾言，給你一個絕不叫你失望的報酬。」稍停一停，她又用嬌媚的聲調輕輕道：「假如你有進一步的野心呢，只要是能叫你快樂的，我也可以讓你滿足。……」

話語聲消失了。各種奇異的光出現在我的眼前。藍色的光、白色的光、青色的、紫色的、黃色的光。屋外有風聲。貓在屋頂叫。一只夜遊鳥飛過去了。這是一個美麗的四月之夜。火光在壁爐裏搖顫著，柴火鬧得很兇，……

四十分鐘後，我們雙雙微笑著躺在地氈上，夢在我們頭上飛翔，如一隻燕子。

「另外給我講一個故事吧，隨便什麼故事都行。」她把頭枕在我的臂彎上，凝望著我的臉。

我摸著她的臉頰，溫柔的問：

「我給你講林達與希綠（註四），好不好？這是一個悲哀的故事。」

「好的，林達與希綠，悲哀一點，也沒有什麼。」

「在希綠的生命裏，永遠是瞭望與期待。每一個黃昏，她穿上最美麗最新鮮的長裙子，斜倚著被夕陽塗成紅色的欄杆，向海上瞭望著、期待著，期待著林達的到來。接著是狂歡的夜。對於她，每一個夜晚都象徵青春大解放，青春大創造。接著又是黎明，帶著她身上的芳香與熱力，林達又回到海那邊去了。

「那些銷魂的夜」，林達輕輕在她耳邊絮語道：「我怎樣述說我的心靈熱度呢？我自覺是永不熄滅的火灶，可以把史前的地球冰期改成夏季！」

她睜著眼，躺在他熱熱的胸膛上，聽著，喃喃者，夢囈著，……

奧蕾利亞像希綠一樣，在我的語聲中睡著了，在風聲與爐火聲中睡著了。我噤默，我坐起來。我沉思的望著她。我輕輕在她頰上印一個微溼的吻，輕輕托起她。

不管蜜月怎樣長，總是短的。情人的錶上分針，比賽馬錶的鋼針更快，彷彿沒有日出與日落、月亮與星光。隨時都是日出，隨刻全是日落。太陽就是星光。白晝就是黑夜。不管我們在室內喁語，河岸上散步，躺在沙灘上看雲彩，入樹林深處呼吸迷人的綠葉氣息，時辰總像閃電樣飛過去。記得有一次，我們在原野草叢中摘野花，邊摘邊談，還沒有採擷十幾朵，大半個上午就過去了。更妙的是，有一次，上午八時，她一定要用刀片替我刮鬍髭，一面刮，一面談笑，相互打趣著，胡調著。等到最後一莖短髭「刈」去時，看看錶，唬了我一跳，已十點了，眞不知竟有那許多俏皮話，有一搭沒一搭的說。三說兩說，再加上動手動腳，時間就變成閃電。我實在佩服我們的「磨菇」功夫，分分秒秒全是靈感，當時是無比享受，事後卻了無痕迹，怎樣記憶，也記不分明。我這才明白，許多眞正活在詩裏的人，爲什麼寫不出一句詩。他們早已把它們咀嚼消化透，化爲自己血液了，哪肯再留給世人一丁點殘迹分享？眞正，和奧在一起，不管我們做什麼，全是銷魂，兩顆心靈如七寶琉璃燈，相互纖毫畢見，卻又相溶互化，無微不和諧。她如果是雲，我就是雲彩，我若是風，她就是空氣。她若是花，我就是香味。我假使是流水，她就是節奏。

啊，上帝，是你創造這個宇宙的！再不信你的人，在蜜月期間，或多或少，也暫信了。要不是你，一切哪能安排得這樣美妙？有時，我和奧就不信自己有這樣殊異才能，竟創造出這樣的夢幻幸福。大約總有那麼一個偉大的宇宙力量，幫助我們設計、製造吧!?因爲我們生活太月光化，我們就相信月亮是神；因爲我們言語太星星味，我們就以爲繁星是上帝化身；因爲我們情感太日球化了，我們就猜想日球是最高的「主」。啊！這光風霽月的七天，這珍珠似的七天！這比象牙更象牙的七天！

第七夜，想起次日就得離開這個小鎭，我們有點感到迷惘。爲了把現實場景與歷史場景相溶合，這一晚，我們談哥德，特別是哥德與「迷娘」貝亭娜的故事。我躺在她膝下，一遍又一遍，爲她朗誦「迷娘歌」，它太迷人！

「你可知道那檸檬花開的地方？
黯綠的密葉中映著橘橙金黃，
颸蕩和風起自蔚藍的天上，
還有那長春幽靜和月桂軒昂——
你可知道嗎？

那方啊！就是那方。

你可知道：那圓柱高聳的大廈，

那殿宇的輝煌，和房櫳的光華，

還有佇立的白石像凝望著我：

「可憐的人哪，你受了多少委屈？」（註五）

…………」

我重複誦讀，特別是「可憐的人哪，你受了多少委屈？」那兩句，我反覆了好些遍。

我忍不住嘆息起來。

她問我為什麼嘆息。

「我想起歌德與迷娘之間一段令人沉醉的故事。」

她輕輕拉住我的手。「告訴我這故事。」

「一八一〇年八月中旬，迷娘和歌德在一起。他這時已經是六十開外的老人了，迷娘卻是一個二十五歲的美麗少女。

黃昏時分。歌德坐在窗沿上，迷娘站在他面前，兩手抱著他的頸脖。她的眼光箭似的射入他眼眶深處。

歌德再不能忍受她的注視了。問她熱不熱，想不想享受點清涼。

她點頭答應。

歌德說：『敞開你的胸膛吧，讓黃昏空氣潤潤吧！』

她不表示反對，臉卻有點紅。

歌德解開她的衣裳，望著她說：『黃昏的暈紅傳染到你的臉頰上了。』

歌德吻著她的胸膛，把他的額頭擱在上面。

她說：『有什麼稀奇，我的太陽落在我的胸膛上哪！』

歌德怔怔望了她許久，問道：

『還沒有人撫摸過你的胸膛嗎？』

她搖搖頭。「沒有！你觸摸著我時，我覺得怪異樣的。」

於是歌德吻她的頸脖，一次又一次的，猛烈極了。

她有點害怕，可又覺得這非常之美。她終於忍不住笑了，像遭遇了雷震似地，整個被撼動了。

歌德低沉的對她道：『你好像暴風雨，你的嘴唇在閃電。你的眼睛在打雷！』

『你就是大神宙士，你一皺眉，整個奧林匹斯山都抖顫起來了。』

歌德說：『將來，當你晚上脫掉衣裳，當星光像現在一樣照著你的胸膛的時候，你願意想起我的吻嗎？』

她答：『願意。』

『你願意想起：我很想把我的吻，像星斗一樣無量數的印在你的胸膛上嗎？』」

（註六）

奧蕾利亞用手背遮住我的嘴。

「不要再說下去了，這故事叫我害怕。」

我詫異的望著她。

「太美了，美得叫我害怕。」

停一停，她嘆息道：

「像這樣的故事，一個世紀能產生幾個呢？」

我靜默了。

這一晚，我們一直保持神聖的安靜。

在這樣一種神聖氣氛下，我們極詩意的享受著最後一個蜜月之夜。彷彿任何熱情動作已無法表現我們的境界了，只有藉助類似宗教的虔誠與寧謐，才能進一步表達我們不死的愛。

一八

這七天實在過得幸福，不能再幸福了。假使這時就抱著死了呢，我們也一定死得很香甜、幸福。從前，我在報上看到，一對情人雙雙含笑自殺的新聞，常詫異他們爲什麼死得那麼從容。現在我才恍然大悟，在這種情形下，死比生其實更美麗。

回到托木斯克，我和奧蕾利亞分手，答應第二天再見。

想不到才返回收容所，裏面竟出現異乎尋常的氣氛，我吃了一驚。這時，胖胖的同事A上校交給我一份通知書，是馬占山將軍特別發給所有高級軍官的。

看完通知書，我才明白，在我旅行期間，發生了一件大事。

這時候，中國駐俄大使顏惠慶先生早抵莫斯科，中俄已正式復交。雙方會商結果，對我們這批從東北撤退的人，決定作如下措置：

一、所有士兵及中下級軍官一萬餘人，由俄境轉新疆地區歸國。

二、所有上校以上高級軍官，由托木斯克搭火車赴莫斯科，轉波蘭，再經德國、瑞士到意大利，乘海船回國。

三、所有高級軍官眷屬，搭火車赴海參威乘船回上海。

兩星期後，中下級軍官與士兵及其眷屬們，將由數名高級軍官率領，先後出發。我們這一批高級軍官，須於四日內摒擋一切，準備啓程。換言之，除今天外，我在托木斯克只能再逗留三天了。

「好了，吃了好幾個月的苦，這一下出頭了，可以回國了。大喜事！大喜事！」A上校滿面笑容，右手連連摸著黑板刷鬍子，向我嚷著。

「是的，這是喜事，喜事！……」

我昏頭昏腦，對他苦笑著，連自己也不知道說什麼。我隨即跑到馬占山將軍那裏，談不幾句，就知道這個通知書是確確實實，一點也不虛假。過去，好幾次曾有這種傳說，現在，總算證實了。

馬將軍瘦臉透出紅光，他向我祝賀：

「將來回到上海，你們韓國臨時政府在那裏，你可以大展抱負了。」

他這幾句話，我一點聽不進去，就是聽見，也不知道他在說些什麼。

出乎他意外的，我仍然站在他面前，堅決的道：

「總司令，四天內，我不能走。請您准許我：兩星期後，隨大部隊由新疆方面回國。」當時馬是東北各路義勇軍總司令，我們全都這樣稱呼他。

「什麼？」馬似乎不相信自己耳朵。

我毫不猶豫，又複述一遍剛才的話。

「你瘋了！」

我不開口，用沉默堅持自己原意。

「你坐下來，好好談談。你這是什麼意思？」

我臨時編了個藉口，說那一萬多士兵中，有少數是韓國人，他們全是韓國獨立革命的骨幹，我不能離開他們。

實際上，我卻企圖拖延時間。有些事，在四天內，絕對辦不成，如能延遲到兩個星期，倒有可能會辦成。再說，要在總共不過一百幾十名的高級軍官群，硬把她們母女塞進去，那根本是做夢。

聽了我的說詞，馬將軍一向有點高傲的癯臉，露出詼諧的笑容。他摸了摸向兩側倒垂的濃鬍子，銳利的望著我。

「林上校，在我幕僚裏，你一向是個智勇雙全的高級參謀。臨到自己頭上，你怎麼倒糊塗了？你難道看不出來，新疆現在已經屬於俄國人勢力範圍，他們堅持這一萬多人從新疆回國，不走海參威這條路，就爲了想把他們留在新疆，給地方添資本。那些少數韓國籍士兵，你還指望他們有朝一日再回東北幹革命嗎？再說，那些中下級軍官，我也顧不了啦，我們此刻是寄人籬下嘛！只有他說的，沒有我們說的。能夠這樣，已經很不錯了。當初如果俄國嚴守中立，不讓我們撤退，今天我們還能存在嗎？至於帶隊的幾名高級軍官，可能會給我們一點面子，讓他們自由回到南京，但也很難說。你想夾在裏面，難不成一定非和自己過不去？我是器重你的幹才，將來還想借重，圈定名單時，才決定要你和我們一起走，旅程又快，又舒服，還可以遊覽德國、瑞士、和意大利哪！只要仔細深思一下，你會覺得，你剛才想法多荒唐！」

馬將軍這一番大道理，說得我啞口無言，我還想解釋幾句，他已經從椅子上站起來，果斷的揮揮手，堅定的道：

「話說到這裏爲止，我們不必再談了。你是個軍人，你明白，服從是軍人第一天職。最高統帥部作出的決定，沒有特殊意外，不會隨便改變的。還有四天時間，你回去好好收拾行李，料理私事吧！」

我直衝到大街上，幾乎想狂喊：

「這是謀殺！……這是謀殺！……」

是的，一點也不錯，這是謀殺！殺死一個無辜的純潔靈魂！

殺死我自己不要緊，萬萬不能殺死她。這比一般犯謀殺罪更可怖好幾倍。通常，被殺者死亡前，幾乎沒有什麼痛苦。但這樣一種謀殺，死者將先受到無法形容的痛楚。

究竟是誰謀殺她？是這個國家？是櫻花三島？是我的祖國？是中國？是顏惠慶？是馬將軍？還是我自己？這許多因素，各都有點份。當然，我要負最大責任。可我居然想逍遙法外，要遠遠逃遁了，我的同事們還說這是一種幸福的「解放」哪！

可我怎麼辦？怎麼辦？

瘋狂的亂想著，急促走過一條街又一條街。一小時後，我看見我和她第一次談笑風生的空間：歐拉凡斯特大街拐角那家咖啡館。它明亮的大玻璃窗，似乎出現她微笑的藍色眸子，鵝蛋形的白臉。我開始冷靜點了。不行，我再不能浪費時間了。每一秒全是一個拯救她——也拯救我自己的機會。

我腦際浮現李杜將軍的胖胖臉孔，胖胖身材。這是一位和藹的將軍，素日和我最談得來。在東北時代，我起先雖是蘇炳文的幕僚，當蘇的部隊與馬李軍隊會師且合作後，我成爲馬李蘇三將軍聯合統帥部的軍官。平時，以李最器重我、關心我，過一段時候，總找我去談話。病急亂投醫，此時此刻，我的茫茫痛苦的天空，他算是唯一的星光了。

我立刻折回收容所。

異。

「副座！」我向李杜將軍行了個軍禮，這時他是副總司令。

他回了軍禮，要我坐下。

「怎麼，你身體不舒服？你臉色怎麼這樣蒼白？」他慈祥的眼睛瞄瞄我，有點詫異。

「是的，不大舒服。」

我四下一望，見室內無人，立刻「撲通」一聲，跪在他面前。

「副座，求您救救我！救救我！」我滿臉是眼淚。

他大吃一驚。「發生什麼事!?有話好好談。站起來，坐下來談。」

形勢實在急迫，我也顧不得許多了。源源本本，我把和奧蕾利亞的交往，扼要敍述一遍，又談到兩小時前和馬將軍的一幕。

「我必須帶她一起走，否則，她非死不可；至少，也要痛苦一輩子，我等於犯謀殺罪。……求您幫幫忙，救救我！」

老將軍聽了，先前緊張的臉上，開始露出笑容。這片笑容，倒不是說他不同情我，而是表示：他終於恍悟眞相。從他看來，這比他原先設想的要輕鬆得多。

「哦，孩子！又是女人的事。年輕人總是這些事。我還以為你眞闖下什麼大禍呢！」

他的語氣緩和下來。

「可這比闖大禍更可怕。」

「不，這並不可怕。你是太感情用事了。對我們這些老軍人說來，這總不像整個東三省丟給日本人那樣嚴重吧！」

雖然無意的，他這最後一句話倒確確實實將了我一「軍」，我幾乎無詞以對。

「孩子，聽我說。」他和藹的看著我。每當談得最投機時，他總愛稱我「孩子」的，彷彿我是他的兒女。「我雖然是個老粗，可我完全理解你的情感，你的心緒。你們韓國人全是熱血男女，在戰場上如此，在生活中也如此。不過——」

他停頓一下，沉思的思索著字眼，——因為，他明白它們將對我可能產生的影響——終於，一個字一個字道：

「你所策劃的那一套，行不通。我知道，在戰場上，你是個好參謀，智勇雙全。在這種事上，你可不是，你是勇多於智，逼得走頭無路了，才想鋌而走險。」

他像一個戰略家，對我分析全局。

他認為：即使這一萬多士兵從歐洲或由海參威歸國，我那套辦法，也行不通，不用說取道新疆了。首先，一天未離這片國土，說客氣點，我們是客人，說不客氣點，我們全是高級階下囚，沒有多少自由留給我們。萬一他們發現我這個拐逃計劃，不只我和她們母女遭殃，連全部人馬，包括馬李蘇三位統帥，多少也要受點連累。不說別的，單講這種牽連，（我應該了解這個國家目前到處瀰漫的嚴厲氣氛，）我就絕對不該拿國家民族大局作賭注，企圖贏得個人私事的籌碼——更何況是這樣一種私事？在民族利益男女私事之間，孰輕孰重，幾乎連三尺童子也瞭如指掌。像我這樣一個忠於祖國獨立事業的革命者，怎麼竟連這點道理都不明白？其次，若要人不知，除非己莫爲。一節火車要載運一百幾十名士兵，母女分藏二處，就有近三百個人知道。只要一個洩漏，全局皆非。現時代的俄國人，不比沙皇時代，作風異常嚴肅，肯定會派人到各節火車搜查，並不難查出這兩個女扮男裝的波蘭人。如到新疆，除了火車，還得乘大卡車，甚至要徒步行軍，想保密，是更難了。

上面僅就常識分析，如果更深一層解剖，問題就更複雜了。

「我不想多分析了，孩子，你自己想想吧！我完全是出於同情心，才這樣和你細論一番。我若作爲你的嚴格首長，根本就不會考慮它。」

說實話，這位老將軍，確實是向我推心置腹，說出肺腑之言。聽了他的剴切陳詞，我還能說什麼呢？

「孩子，拭乾眼淚，好好準備和我們上路吧！男女的事，免不了要動感情。可是，只要一離開這裏，你的想法就會改變，她的想法也會改變，事情絕不會如你想的那麼嚴重。天下男女相愛的，何止千千萬萬，眞正雙雙情死的，並不多！我希望你以祖國爲重，以革命為重。不要忘記你的三千萬同胞，還在水深火熱之中，我的四萬萬同胞，也正面臨著你們韓國民族的命運哪！」

最後，他看看腕錶，輕輕搖搖頭，又嘆了口氣，結束他的話。「快吃午飯了，你應該去吃飯了。」他沉思的望了我一眼，又加了幾句：「希望你好好考慮我的話。記住：對我們這些人說來，這個世界只是個荊棘園，卻絕不是玫瑰園。」

天知道，我會想到吃午飯？

我沒法再聽下去了，也無法再說什麼了。像一個徹底戰敗了的士兵，我垂頭喪氣退出來。可是心底裏，我卻感謝他對我的誠意關懷。

又一次，我走在大街上。這一回，卻不是急匆匆的了，我沉思著，慢慢踱著，漫無目的。

一九

分離是命定了。沒有什麼能改變這個。在這個命定之前，人力現得可憐的脆弱。

我躺在牀上，渾身抖顫。

身子睡著，心醒著。

有好幾次，我想立刻跑到她那裏，把眞相告訴她。這一念頭非常強，我幾乎馬上想衝出去。但是，我旋即抑制自己。我不是不敢去看她，而是沒有勇氣摧毀她的夢想。天可憐見，今天早上，我們還在招待所的枕邊說傻話哩！她笑著問我：「愛，如果我們有一個孩子，給他起什麼名字呢？」我笑著說：「如果是男的，就叫托木斯克。如果是女的呢，就叫奧蕾利，好不好？」她笑著問道：「你希望是男的，還是女的？」我說：「我願意是女孩子。如果是女的，她一定長得和你一樣美。這樣，我身邊就有兩個奧蕾利亞了：一個是大的，一個是小的。」她說：「只要你願意，我給你帶來兩個奧蕾利亞，三個奧蕾利亞，甚至四個奧蕾利亞，好不好？」我說：「好！好！越多越好。我巴不得全世界十九萬萬人都變成奧蕾利亞哪！」她聽了，大笑，伏在我懷裏，連眼淚都笑出來。

天可憐見，她此刻一定還在溫習這些好夢。在她心裏，充滿了玫瑰與幻想、春天與陽光。這顆心像羔羊一樣的純潔、綿軟，我怎忍心舉槍把它刺破？

讓她今夜再做一夜好夢吧！

我又想：最好不告訴她這消息，悄悄走了，也好。

但我旋即譴責自己，隱瞞她只是一種自私。即使我不能目睹她的痛苦，但想像中的她的痛苦所給予我的折磨，一定更可怕。兩個人在一起，雖然更容易引起痛苦，究竟可以共同分擔。如果是孤零零一個，這種突如其來的刺激，非使她發瘋不可。

我決定：明天下午去看她。

這天中午與晚上，我沒有吃一粒東西，也沒有喝一點水。

我一夜未能合眼，不斷流著眼淚。一種說不出的火燃燒我，我感到自己的神經在一點點迸裂。

天快亮，腦子疲倦得如一堆泥，終於朦朦朧朧的睡了一小時。這其實也並不是睡，而是神經質的噩夢的連續，我不時無端驚醒。

第二天，我只喝了一點水，仍沒有吃東西。奇怪極了，我的胃似乎很飽，如塞滿了空氣的皮球，不能再塞進一點食物了。

下午四點多鐘，我下了最大決心，去看她。

唉，朋友，我怎能向你形容：我是怎樣走到奧蕾利亞那裏去的呢？

我似乎不是在走，而是被一種微小而又神秘的力量推向前去。我這時的神情，是夢遊者的神態。這個，別人可能看不出來，我自己卻知道得清清楚楚。

我半夢半醒的到了奧蕾利亞那裏，大門並未嚴扃，我推開了。她母親不在。樓上有「吉他」聲。她正彈著一支活潑輕快的華爾滋舞曲，像許多隻百靈鳥在飛在唱。

聽見這片快樂的音樂，我的眼淚泉水般流下來。

但是，當我走上樓梯時，我下了一個決心：必須鎭定，必須清醒，這並不是爲了我自己，是爲了奧蕾利亞。

我拭乾眼淚，登時振作起來，人也清醒堅定得多了。

剛走上樓，「吉他」聲沒有了。奧蕾利亞蝴蝶似地飛過來，撲到我懷裏，緊緊擁抱我，熱烈的吻我。她緊貼住我臉孔，笑著道：

「今天傻想了半天，如果我們有一個女孩的話，奧蕾利這名字還是不好。我想到一個好名字了。你猜猜是什麼？」

「我猜不到……」我有點哽咽，無法說下去。

「傻孩子，怎麼猜不到呢？就是你自己的名字啊！『林！』是的，我一定叫她『林』！這樣，她象徵了我們的結合，你說好不好？」

說完了，她又笑著吻我。

剛吻了一下，她忽然怔怔道：

「啊，你的嘴唇爲什麼這樣冰冷？」

她放鬆我，凝立在我面前，瞪大眼睛，詳細的端詳我，吃了一驚。

「啊，你的臉怎麼這樣蒼白？你瘦了！昨天早上還是好好的，怎麼一天你就變瘦了？——你不舒服嗎？」

我搖搖頭，說不出話。我想盡量抑制自己，卻無法做到。一顆晶瑩的淚珠流到頰上，又慢慢的滴落到地上。天知道，我是花盡多大力氣，才強忍住的，可我終於洩漏了。

她一把摟住我，把我擁到懷裏，用熱熱的臉偎貼我的發冷的臉，像姐姐對待小弟弟似地，用最溫柔的聲音安慰我道：

「愛，你受了什麼委屈麼？你心頭有什麼難過麼？告訴我吧！告訴最愛你的奧蕾利亞吧！只要她能爲你盡力，她一定盡所有力量，甚至她的生命。……她是你的愛，也是你的妻，你不應該把心裏的一切告訴你的妻子麼？唉，告訴我吧！告訴我吧！」

她一面說，一面溫柔的撫摸我的肩膀。

我說不出話，只能讓眼淚一滴滴的流下來。我先前的決定完全推翻了。我再無法控制自己。

她不斷撫摸我，問我，見我不答，不禁急了。她帶著嗔意道：

「林，你再不說，我眞生氣了。」

接著，她又後悔自己發嗔，緊緊抱住我，用最溫存的聲音向我道歉：

「愛，饒恕我吧，我實在急了，才向你說出這樣不近情的話，饒恕我吧，不怪我吧！唉，愛啊！你究竟發生了什麼事？你爲什麼只流淚，不說話呢？你這樣子，叫我表示什麼好呢？唉，親親，我的親親，我向你哀求了，告訴我吧！……告訴我吧！」

說著說著，她也急得流淚了。

山洪終於爆發了，我再也無法克制自己，便放聲大哭起來。

她見我這樣，不開口了。她把我扶到一張椅子坐下，楞楞站在一邊，望望我，又低頭沉思。一個新的啓示如一條蛇，慢慢爬到她的思想裏。像一個發現自己已面臨懸崖邊緣的騎士，一刹那間，一座意想不到的深淵呈現在她面前。

她對我望著，想著；望著，望著，陡然像發現大秘密似地，她狂笑起來：

「哈，哈，哈，哈，哈，哈，哈，哈，我明白了！——」

這笑聲是森人的、可怕的，直像傳說中的深夜厲鬼的慘笑。聽到它，一個人不顫慄，幾乎是不可能的。

就這樣，她的狂笑聲與我痛哭聲合奏著，……

聽到她的笑聲，奇怪，漸漸的，我的哭聲停止了。

我沉靜的站起來，把她抱到身邊，哀求道：

「奧，你現在大約也明白了。……我求你，別再笑了。你把我的心撕碎了。……」

她回過臉來，不再笑了，臉上充滿眼淚。她的眼睛現出一種奇異的光彩，這種奇彩，我在它們裏面從未見過。這是仇恨的光輝，也是憤怒的光芒。她並不放聲哭，卻讓眼淚靜靜在臉上流。她很抑制的輕輕道：

「我答應你，我不笑了。」

她突然握緊拳頭，狠狠在空中揮舞了一下，如母獅子似的，用一腔雄壯而尖銳的聲音狠狠喊道：

「要來的讓它來吧！是地獄、是煉火，是雷霆、是風暴，是魔鬼、是洪水猛獸，都來吧！都來毀滅我吧！把我撕成粉碎，把我磨成一陣陣塵沙，隨陰風團團轉吧！把我分裂成千百片，輾成粉末，隨海浪滔滔滾沒吧——我的心反正早已流出最後一滴血了！再也沒有什麼更可怕的了！」

我用吻遮蓋住她的紅嘴，不讓她再說下去。

她沉思了一會，臉上仍閃爍著淚光，有點頹然的問我道：

「就離開托木斯克嗎？這麼快？」

「還有四天，我們將由莫斯科轉波蘭、德國、瑞士，到意大利搭船歸國。」我有意多說了一天。

「哦，經過波蘭！……」她輕輕把「波蘭」這個字唸了好幾遍，好像是唸自己母親的名字。

她忽然又傻笑起來，一面笑，一面撫摸我道：

「傻孩子，幹嗎難過呢？……不還有四天嗎？四天有九十六個小時哪！如果我們把每小時當一年，不還有九十六年，儘夠我們樂的嗎？……來吧，每小時還有六十分，有三千六百秒哪！……」

她的雙手又環抱住我，它們卻抖顫得厲害，也和我的手一樣，冰涼。

夕陽從窗外軟軟的射進來，光彩很紅，紅得哀涼。天空再聽不見鴿鈴聲。燕子的翅影已消失了。幾隻白嘴鴉在樹椏間叫噪著。春天的傍晚是溫柔的、迷人的，但春寒特別刺人，似給人神異的警告。

這以後三日，連我自己也不知道是怎樣過去的。它們是飛得那樣快，快得可怕，簡直像三秒鐘。如果一個人畢生都是過得這樣快，那麼，一切全很簡單了，一百年也不過像一天，既不會有所謂「快樂」，也不會有什麼「痛苦」。

這三天，我們全部消磨在一個旅館的房間裏。這是托木斯克全城旅舍最大最華麗的一個房間。我在黑市賣了自己的三兩金子，預付一筆款子給帳房。我準備作最後一次揮霍。

奧蕾利亞向學校請了四天病假，決意把這整整四天獻給我。她的病假很容易就請准了。這時，她臉色原已現出病態。她的心是深深病著。

這三天，她似乎有意要把她生命中所有的殘餘熱情統統交付給我，一點也不為自己剩下。幾個月來，她原已在我身上揮霍了一筆極巨量的熱情。但她認為還不夠。她要在這三四天中，把她這一生所殘剩的幾十年熱情，一古腦兒透支個乾淨，連皮帶骨一起消費給我。她用這種野蠻方式來消耗自己熱情，已不是一個情人的風格，而是賭徒的方式。她像一個瘋狂的賭徒，一剎那間，把口袋裏所有的錢都捧出來，作孤注一擲。不過，她的賭法並不一直是激動的、騷囂的，像一般呼吆喝六大聲吵鬧的賭徒一樣。起先，她像一隻餓獸，接著，她的賭法安靜了、平和了，也可以說，她眞正懂得賭了。

第一天，一切是最瘋狂的，最激動的，也是最沉痛的。熱情熱得像我們那樣，已不是人間情熱，而是地獄的熱情、魔鬼的熱情、最最悲慘的熱情——慘得叫人不忍回憶。這一天，我們什麼也不吃，兩個人只是抱著哭。一面哭，一面說。也不知道哪裏有這麼多的眼淚！也不知道哪裏有這麼多的話！也不知道哪裏有這麼多的興奮，這麼多的感情！一個人要是一直像這樣哭、說、興奮、感情，過不了五天，就會活活把自己燒死的，好像爆發的剛果火山把自己的軀體燒成焦土一樣。

她在我懷裏滾動著、抖顫著、囈語著，像害熱病似地。她似乎連淚帶血以及五臟六腑一起要從話語中噴射出來，叫我變成一個血人、淚人。

「啊，林，擁抱我！緊緊擁抱我！要緊緊的！緊緊的！緊緊的！……我冷！我冷得很！我冷極了！快用你的身子暖我！快用你的心暖我！快用你的眼淚暖我！嗯，你就是我的火！我的火啊！……離你就是離火，我冷！」

「啊，林，我喘不過氣了，你的臂膀叫我喘不過氣了！用力吧！用力吧！我眞願就此——一口斷了氣！讓你的臂膀和身子變成我的墳墓！」

「啊，林，在你的臂膀裏，在你的火焰裏，我像蠟燭似地要溶化了，溶化了！……，讓我溶化吧！溶化吧！溶化成一片淚水吧！」

「啊，林，你要走了！你走，坐火車、坐船，過地中海、過紅海，啊，紅海！那兒多熱啊！經過那兒，你會不會還記得我身上的熱？」

「啊，林，你幹嗎不說話呢？我怕，我怕靜！我怕啊！……說啊，愛的，只說一句，只說一個字，說一個最熱最燙的字，一個像煉火一樣的字，好把我活活燒死！讓我在你的熱情的火焰裏來一個火葬！」

「啊，林，親我吧；愛我吧！疼我吧！寵我吧！想我吧！擁我吧！吻我吧！殺我吧！吃我吧！喝我吧！打我吧！罵我吧！把我碎屍萬段吧！把我壓榨成碎粉吧！都好！都甜！都美！只要是你加給我的，即使是叫我喝毒藥，都好！都甜！都美！……」

「啊，林，再吻我一次吧！再親我一次吧！我要在記憶裏預儲起一堆極高極高的吻。你走後，我好慢慢的溫習、咀嚼、回味！……」

「啊，林，愛我吧！享受我吧！玩我吧！把我玩個夠吧！把我像妓女一樣的取樂吧，玩個痛快吧！不要辜負我的火、我的熱、我的美麗、我的肉體！……」

「啊，林，把嘴唇放在我眼睛上吧！像酒杯注酒似地，讓我所有的眼淚都注入你的酒杯裏，你要一口口喝下去，一滴也不要剩！這是生命的酒，有酸、有甜、有苦、有辣、有鹹，什麼都全。你得從這酒裏慢慢嚐味我的思想、我的夢、我的感情！……」

「啊，林，你走了，我每天依舊要到收容所門口去。我要在那兒徘徊又徘徊。從清晨徘徊到黃昏，從黃昏徘徊到月出，從月出徘徊到月落，徘徊到天明！……那時，你的身子或許在波蘭原野上，或許在多瑙河畔的叢林邊，或許在瑞士的山間湖濱，或許在意大利的藍天下，或許在地中海，在中國——那時，你能想起有一個人在收容所附近徘徊流淚嗎？……」

「啊，林，給我大風！給我天雷！給我閃電！給我瀑布！給我火山！讓大風颳死我！讓天雷打死我！讓閃電殛死我！讓火山燒死我！讓我變成一堆灰、一陣風、一團空氣，永遠追隨你、陪伴你！……」

「啊，林，我的愛，可憐我今後只孤孤單單一個人留在托木斯克，我會像孤鬼遊魂似地活下去。如果是黃昏、月夜，叫我怎麼忍，又怎麼敢睜開眼睛看看這個世界？……」

她說這些話時，當時的情形，我只能用四個字來形容一切：慘不忍睹！

在昆蟲裏，有一種，是專門靠吃自己身體充飢的。我們現在正是這種昆蟲，在吃自己時，雖然感到肉體的痛苦，卻又滿足了飢餓慾望。

這時候，她渾身發燙，臉孔紅得像火，眼睛像兩隻將沉落的光團。她的面部表情，似一塊被燒得通體透紅發亮的炭，灼人極了！我抱著她，似乎抱了一團火，一塊炭，我只有一個感覺，燙得可怕。從自己身上，我彷彿嗅到一股被燒焦的氣息。

有些人主張愛名、愛錢，或者愛自己，但千萬不要愛別人。這實在含有一部分至理。你如果要徹底愛一個人，那實在是可怕的。比煉獄還可怕！如果是愛到極端，那不但不美麗，並且還極其難看。眞理是難看的、駭人的；眞愛也是難看的、駭人的；這一層，我此刻完全明白了。

我答應她，用嘴唇啜乾她的眼淚，像啜白蘭地酒。但哪裏啜飲得乾呢？舊的還沒有飲完，新的又流出來了，她的眼睛簡直是兩口不竭的酒泉，我呷著、飲著，分不清啜飲的是她的眼淚，還是我自己的。

夜間，我們無法入睡。她的激情雖然稍稍平抑下來，但面孔顯得有點狠毒而粗獷。她的悲哀似乎轉變成仇恨。好幾次，她披頭散髮，從床上坐起來，惡狠狠的望著我道：

「我恨你！恨你！恨你！恨你！我要剝你的皮，吃你的肉啊！」

說著說著，她就用手掌擊打我的臉，用手指撕扯我的頭髮，用牙齒咬我的嘴唇。我的嘴唇給她咬破了，一滴滴血慢慢流下來。

我不開口，忍受著，反而用最溫柔最和善的眼睛看她。

她看見我的眼光，瞧見我嘴上的血，抱著我哭了，立刻求我饒恕，說了不只三十遍。

第二天，她比較安靜了點，話也少了點。她只是不斷哭，又不斷笑。她哭一陣，笑一陣，純粹是歇斯底里亞式的。她臉上的火焰顏色已轉成蒼白色，眼睛的光色異常陰暗。

中午，我們勉強進了點飲食。還是我拚命強迫她，她才吃了一點。我自己已兩天半沒有正式進食了，感到體力支持不住，今天起，才開始用了點早餐。

餐後，我返收容所料理私事。明晚六點，我們搭快車往莫斯科進發，我不得不和同事們談幾件必要的事。

兩小時後，我回到旅館，她正在寫東西。

她見我來，不寫了，突然把一張紙條交給我。

我接過來，看了一遍，這是一首未寫完的詩。看完了，我止不住流下淚。

只有下面三句：

「你捨得把愛你的奧蕾利亞，

丟在這白熊亂舞的北極冰雪裏，

獨自走向開遍檸檬花的南國？

…………………………」

我一面流淚，一面產生一個極奇怪的慾望：想唱歌！是的，我必須唱點什麼，我必須大聲喊幾下，否則，我實在受不了。於是，我開始唱一首韓國最流行的民歌，叫做「別離曲」，把她這首未完成的詩當做歌詞。這是我第一次在她面前唱歌，也是最後一次。

除夕夜裏，我在落雁峯唱的那首歌，就是這個。

唱完第一遍，打算唱第二遍時，我的嗓子哽咽了。我再唱不下去了。

這一晚，她似乎太疲倦了，不禁昏昏睡去。我卻一夜沒能睡，睜著眼，一直定定凝視著她的又美麗又瘦削又蒼白的臉孔。兩天來，不管它的變化怎樣大，我不僅依然如此熟悉它，而且，筆直穿透它的表皮層，貫入它的深刻核心。可我知道，這是我和她在一起的最後一夜了。這一夜以後，我們中間，將聳立一座萬里高牆，永遠把我們分成兩個世界。我癡癡望著她，並沒有一滴眼淚，我的眼淚似乎已經乾了。

她雖然睡著，卻不時驚醒，一醒，她就歇斯底里亞的緊緊抱住我，喊道：

「啊，愛，我在哪裏呢？……沒有什麼阻隔在我們中間吧？……沒有什麼召喚你吧！……」

「啊，愛，晚風爲什麼吹得這樣悲慘呢？……」

「啊，愛，夜遊鳥聲爲什麼響得這樣淒涼呢？……」

「啊，愛，愛，看我呀！……爲什麼不看我呢？……」

我只好緊緊抱住她，藉吻爲她催眠。

天亮時分，我實在支持不住，終於昏昏沉沉的睡著了。

當我醒來時，陽光滿屋。看看錶，已近中午了。我吃一了驚，正想坐起來，她走到床邊：

「林，你再睡睡吧，還早，你太倦了！聽我的話，乖乖的，再躺一會。」

她像母親對孩子似地，把我剛抬起來的身子又按下去。

她的神色是這樣安靜，我不免又吃了一驚。望望那邊桌上，她似乎又寫了一點什麼，我才放下心來。我只願她多寫一點，這樣，或許可以把她的感情轉移開去。

不久，我起床了，我看到她的三首詩，字跡很是草率，證明她的心境仍不大寧靜。它們都沒有題目，我卻特別歡喜第三首，內容如下：

一個凍死的屍體躺在風雪中，

一個孩子經過時，

他大聲哭泣著。

一個凍死的屍體躺在風雪中，

一個青年經過時，

他悄悄流著淚。

一個凍死的屍體躺在風雪中，
一個中年人經過時，
他皺皺眉頭。

一個凍死的屍體躺在風雪中，
一個五十歲左右的人經過時，
他微笑著。

一個凍死的屍體躺在風雪中，
一個白鬚白髮的人經過時，
他望也不望就走過去了。

看完這首詩，我輕輕嘆了口氣，沒有說什麼。我還能說什麼呢？

說也奇怪，這一天，她竟平靜了。她不說一句話，一直沉默著。她既不流淚，也不狂笑，也不抱我，也不吻我。她對我似乎有點冷冷的。但她其實又不完全是冷冷的。她不時溫柔的用手撫摸我的頭髮，我的肩膀。最後，她把我的帽子拿在手上，一遍又一遍的撫摸著、撫摸著，彷彿整個生命都寄託在上面。

起先，當我強迫吻她時，她嘴角總露出一絲苦笑。她既不熱烈湊過來，又不冷淡拒絕，她只聽我擺佈，好像一個機械人。長吻以後，她不發一語，傻傻的楞楞的瞪著我，瞪了好一會，才又長長嘆了口氣。

最後，當我強迫長吻她後，她連嘆息都沒有了。她只怔怔的望著我，好像不認識我。望著、望著，終於似乎又認出是我了，她的嘴邊不禁浮出一絲苦笑。

這時，她的臉色蒼白極了，像一朵凋落的白薔薇。她的眼睛極其陰鬱，像一大片森林的陰影舖成的。在她面龐上，有一種異常陰慘的瑰麗，一種黑暗的甜蜜。她的表情從未顯示過這樣的溫柔。它只在絕食一個月以後的印度人的臉上才有，是一種令人眞想匍匐下去祈禱的溫柔。

她陷入一種深深的沉思中。

她的姿態叫我想起睡火山，溶巖還在地腹底流轉，但表面看不出來。一種瘋狂的情緒納入和平中，猶如醞釀著巨大暗流的平靜海面。

她這種情形，我能說什麼呢？我能表示什麼呢？最後的時辰既然已經近了。

我只能給她寫下兩個通訊地址：一個是駐意大利熱那亞的中國領事館，一個是上海法租界韓國臨時政府的秘密通訊處。

她送了我一張放大相片。在它後面，用抖顫的字跡題了下面一行字：

「曾經爲你交付出她的一切的！」

四點欠十分，我告訴她：暫回去辦一件事，六點鐘，再回來和她共進晚餐。

我用全力抱了她一下，和她作了一次長吻，面對面，對她充血的藍色眼睛作了最後一次長久注視，一個又發抖又深情的注視。像一尾白鯨吸海水似地，我彷彿要把她整個形象鯨吸到我血液裏。我感到她渾身在顫慄。

三分鐘後，只聽見一陣腳步聲響在樓梯上。

晚上六點鐘到了，我們已被火車帶到托木斯克的五十里外。我們的車子正向莫斯科前進。

這時候，代替我本人，應該有一張短短字條送到這個波蘭少女手上。

它只有下面幾句話：

「最愛最愛的奧：

我走了，不再回！我一萬句話只併作六句話向你說：我永遠愛你！我一定給你信；請爲我向你母親致謝！請爲我多多保重你自己！我的心永恆屬於你！永恆只屬於你一個！

你永恆的愛人——林」

這一夜，望著車窗外的黑暗原野，我哭了一整夜。

二十

四星期後，當薔薇花與玫瑰花開得燦爛的時候，我們這一批東北軍官，由德國搭火車經瑞士到了意大利，終點是海口熱那亞。在熱那亞灣裏，將有海船把我們帶回東方。

開船的那天中午，當地領事館轉給我一封信：信皮白色，字跡娟秀，信的分量很沉重。

其實，我不用看信封，就知道這是誰的信。

這時，我們正忙著上船，我顫巍巍的把信放在口袋內。我很昏亂。我現在不敢拆開它，我必須讓自己平靜一下。

我裝出忙亂的樣子，跟著大家搬東西上船。我特別顯現得賣力，幾乎是幫每一個人運行李。我儘可能找瑣碎的事做，不敢讓自己閒，更不敢讓自己想。

好容易大家全上船了，午後三時，船啓碇了。

在船上，我和大家拚命閒談，我從沒有和人說過這麼多廢話。閒談了許久，又聽音樂，並且陪幾個會講俄語的德國女子跳了一陣子舞，把自己弄得有點筋疲力竭。我幾乎忘記口袋裏還有一封重要的信。

但我終於沒有忘記它。

夜深了，將近十二點。船在力古利安海中悠悠行駛，海面謐靜。這是一個大月流天之夜，一輪滿弦月亮閃閃的昇入中天，又華麗，又莊嚴，好像一個銀色女王徐步昇入銀色寶座。天空純潔，似一片新出窯的淡青磁器，滴溜溜圓，舒展入無極無限，散綴一些晶晶斑點，是星星。在白色月光與青色天光裏，整個大氣層是發酵了，比新焙的麵包還輕鬆、甜柔。奶色月光閃耀海面，彷彿有無數條小閃電在跳動。海很溫柔、平和，似已熟睡，睡得像個女孩子。這時候，乘客們也都熟睡了，只有我一個人剩在甲板上。

力古利安海上的五月的月夜眞不是夜，是一種青春，一種狂想，一種享受，一種誘惑。它是上帝的夜，也是魔鬼的夜。這白色的夜竟美麗得呻吟起來，……

我倚住欄杆，從口袋內取出信。

我於是想起，在柏林、在日內瓦、在意大利，我先後給過她幾封信，是出乎意外的短。我沒法寫下去。每一次，才提筆，我就哭了，很難寫下去。那不是鋼筆，是劍；不是一筆筆寫，是一劍劍刺戮我的心臟。我只得草草結束。那些被眼淚染模糊了的字跡，她如果見到，完全會明白我當時的情景。信中那些匆匆的話，大約也前言不對後語，說明我的狂亂心情。只要一意識到自己是和她正式對話，一想起她，我就不能不發瘋。上帝知道，這四個星期來，我過的是什麼內心生活？……

現在，未拆開信以前，我作了一次深深的呼吸，把一大片海風吸入肺葉內。

我莊嚴而緩慢的拆開信，拆得很慢很慢，好像不是拆信，是拆開一個人的肉體。

出於意外，信裏面，除了一張白色信紙以外，還附有一封灰色信。我打開信紙一看，這竟是奧蕾利亞的母親的信。

敬愛的林先生：

這眞是一件最不幸的事，昨天午夜十二點多鐘，我的女孩子奧蕾利亞自殺了。在她的遺書上，只吩咐了一件事，就是：把這封灰色信轉給您。現在，我遵照她的遺言，把它寄給您，希望它能安全到達您手裏。

先生，您知道，我的晚年幸福全部寄託在她身上。您可以想像得到，這件不幸事，對我是一個怎樣致命的打擊。假如您在這裏，我相信，這件不幸事是不會發生的。但我不怨您，一切都是天主安排定的。我只有祈禱她在天國平安，更祈禱天主降福於她。

我的心現在亂極了，不能再寫什麼了。請原諒！

看完信，我渾身直抖。我彷彿看見這個篤信天主教的老婦人正跪在地上做彌撒，祈求上蒼保佑……

我深深喘了口氣，立刻拿起那封灰色信。信封上有我的名字，字跡是抖顫的，好像患了惡性瘧疾。我熱烈的吻了吻這些熟悉的字跡，匆匆撕開信，最先跳入我眼簾的，是一束白頭髮，大約有四五十根。我怔住了。我緊緊把它握在手裏。接著，我連忙看信。但裏面並沒有信，只有一張灰色大紙，像一張對開報紙那樣大。我打開了，上面什麼都沒有，所有的只是一大片陰暗的灰色。我不相信這僅是一張空紙，便把眼睛湊上去細視，漸漸發現一些字跡，但很迷糊。淡青色的月光，不能照明灰紙上的黑色字體。我於是跑到一盞路燈下，在明亮的電光下，我終於瞧清楚了，滿紙橫一行豎一行的，只塗寫一個黑色俄文字，它就是：「黑暗」！這些「黑暗」的字跡抖顫極了，也潦草極了，它們像一條條病蛇，盤旋於灰紙上，表現出一種騷亂、瘋癲。人會想像，以爲這些聲音是從一隻瀕死的瘋獸嘴裏吐出來的。我滿紙的找，希望除「黑暗」兩字外，還能有其他的字或句，但乍一看來，什麼也沒有。紙上到處只寫這兩個字。如果要統計一下，這張灰色紙上所寫的「黑暗」，少說也有二三千以上。但我不相信，除了「黑暗」二字，就沒有別的字。我耐心在這些橫七豎八的潦亂字跡中搜尋，最後，我竟在一個角落上找到了。在密密麻麻「黑暗」所包圍的一方小空間，有下面幾行潦草的小字：

「不要問我爲什麼這樣做！不要問我爲什麼這樣說！不要問我爲什麼這樣慘！不要問我爲什麼這樣苦！不要問我爲什麼要有這樣下場！不要問我爲什麼……

生命不過是一把火，火燒完了，剩下來的，當然是黑暗。但是，我的火並沒有燒完，我還有成千成萬的火要燒。可悲憫的！一種不可抗拒的力量竟命令我停止燃燒了。我只有用自己的手爲自己造成永恆的黑暗。

人啊，看吧！這裏是四十七根白頭髮。在你走後的十天中，它們像花樣的開在我頭上。你要玩味它們的白色，最深最深的玩味。

啊，我的親丈夫！我已經把一切交給你了，除了這點殘骸。它的存在，是我對你的愛的唯一缺陷。現在，我必須殺死這個缺陷，讓我的每一滴血每一寸骨每一個細胞都變成你的血、你的骨、你的細胞。讓我的名字永恆活在你的名字裏！

我的自我毀滅絕不是悲劇，是我生命中的最後幸福！

現在，正是午夜，……

啊，夜太可怕了，太黑暗了！太深沉了！啊！我的丈夫！我的丈夫！我的丈夫！

你在哪裏？你在哪裏？你在哪裏呀？我怕！我冷！我發抖！快來抱我！快來吻我！快來望我！快來親我！我怕！我怕！我怕！我怕啊！

……………………時辰近了。

錶在殘酷的響。這是世界上唯一的聲音。五分鐘後，我就要永久投入你的懷抱了。啊，我的丈夫，你在哪裏？你在哪裏？你在哪裏？你在哪裏？

……………………………………………

……啊！最後的時刻終於來了！………來了！………來了！………

此刻，當我右手執筆在紙上寫時，我的左手開始緊握一把明亮的短刀。筆已不能寫我的心了。我必須用刀寫我的心。我要給你看，我的心是怎樣紅！怎樣熱！怎樣爲你發痛！爲你發抖！啊，我的丈夫！你在哪裏！你在哪裏！你在哪裏！你爲什麼不回來？不回來？不回來看看你的奧蕾利亞的臉孔？最後一刹那的臉孔？慘絕人寰的臉孔？

……短刀舉起來了，正對著我的心臟。一滴滴淚水落在刀上！（多甜的淚啊！）我不能哭。我必須鼓起勇氣，含笑對你作最後一個請求：——在我們相識第十年的除夕，爬一座高山，在午夜同一時候，必須站立峯頂，向極北方瞭望，同時唱那首韓國「離別曲」。

……………………………………永別了！永別了！永別了！……我的最愛的最愛的最愛的

最愛的最愛的最愛的最愛的最愛的最愛的愛！……………現在，你永遠佔有我了！我也永遠佔有你了！……………」

海風吹過來，又吹過去，比綿羊還溫柔。我的頭髮散披於海風中，月光裏。

海風吹著、舞著，作著鄧肯式的神秘舞蹈。隨著海風，船艙內散溢玫瑰和薔薇的芳香。這些花是人們從熱那亞花圃裏採摘了來的。但摘花人早已睡了。所有的人都睡了。甲板上只有我一人。

我站在月光裏，站在五月之夜。月光狂烈的擁抱我，雨點似地從我的頭髮吻到腳跟，彷彿要用這擁抱與狂吻來毀滅我。我慢慢拿起那四十七根白頭髮，一根又一根的輪流吻著，不知道吻了多少遍。最後，我把它們和信貼在胸膛上，用我的心跳來溫暖它們，彷彿它們怕冷似地。終於，我安靜的站著，一動也不動，如一座石像。我既沒有眼淚，也沒有苦笑；沒有痛苦，也沒有激動。我變成一種機械，一種礦物。我站著，傾聽著，凝視著，不知道是睡是醒，是醒是睡，夢與現實已纏絞不清了。飽和了月光的空間，明潔而光滑，芬芳而富有肉感，眞似少女的如花肉體。有意無意的，我偶然慵慵舉起手臂，輕輕用手掌撫摸這空間、這月光、這芳香，又不時用嘴唇啜飲欄杆上的涼涼露水，像夏蟬。

月光似乎照明了我的思想。

海很平靜，可以聽到它的均勻呼吸，好像是奧蕾利亞的胸脯。船仍在前進，海浪溫柔的吻著船身。只有沉重的輪機聲突破夜靜；這種沉重的聲音，彷彿是一種鬱怒，一種低吼，一種反抗，……

這一夜，我一直兀立欄杆邊，在考慮一件事：我是否要帶著這封信和四十七根白髮去找她？她就在我面前，只要我一跨過船欄杆，就可以遇見她，和她永遠在一起了。我相信，她正在海底與魚群遊戲，我也可以參加這種遊戲。

但我立刻又想起她的話。她還要我等十年，爲她辦一件事。答應她這件事，實在比立刻找她要苦得多，可憐得多。她向我提這個請求時，大約沒有想到，這對我是一個很重要的懲罰。

要眞正愛一個人呢，其實也就是接受一種懲罰。我這一輩子被懲罰定了，從小懲罰到老。

黎明時分，我終於決定了：接受她的懲罰。

她是不願意再演戲了，戲演夠了。我呢，自然也演夠戲了；但我卻還有一個慾望，就是：自己既然不想演了，不妨看看別人演戲。這也是我還想活著的一個理由。

…………………………

今天，我在你面前演了最後一次戲，你現在是把這戲聽完了，請千萬遵守對我的諾言，不要在報上或雜誌上寫一個字，那樣，對人對己都沒有什麼好處，而我更會輕視你。我希望，除我自己外，這齣戲，只埋葬在你一個人心中，爲了維護它本身的尊嚴。（假如它還有某些尊嚴的話。）當然，更爲了我所深愛的那顆神聖靈魂；有關她的一切祕密，只能也只該屬於極少數二三人，如果不能僅屬於一人的話。

二一

陌生怪客對我講完故事，大約已是元月二日凌晨三點多鐘。除了吃午餐晚飯時，曾暫時停講兩次，算是休息近三小時外，其餘時間，幾乎一直沒有住口。他一面講，不時飲酒，汾酒喝完了，就飲廟裏素酒。奇怪，他灌下兩斤多酒，竟一點不醉。

他說完故事時，我雖感無上妙趣，卻疲倦得要命。老實說，他最後還說了一大段話，約略提到十年來的情形，但我已經聽不清楚，這時，我早已頭暈腦眩，打瞌睡了。我想，他一定是發現我打瞌睡以後，才不講的。因此，他所說的最後幾句話，我只模糊記得是：重複叫我千萬不要拿他所說的做文章材料，否則，我就是罪人云云。此外，我還記得一件事，就是：他現在所戴的帽子，就是十年前除夕那夜所戴的。他所穿的大衣，就是和她將離別的幾天中所穿的。這件大衣，他從未刷過或洗過，因爲上面曾經留有她的眼淚、撫摸、熱吻，與擁抱。

關於他所提起的十年來的生活，我如果一定要勉強搜索回憶，依稀記得下面一段話：這似乎是他多年在人生大海中翻滾掙扎的一點收穫，一點結晶。

他用深沉的大眼睛，疲倦的望著我，帶著無窮的沉思意味道：

「在生活裏面，你常常可以碰到一種不可抗拒的神秘阻力。這種阻力，你年輕時，還不見得怎麼沉重，有時候，只要你咬一咬牙關，搖一搖頭，說一個『不』字，它似乎就退開了。但是，隨著你的年齡增加，額上皺紋加深，它一天一天變得強大起來。到了最後，你連搖頭說個『不』字的勇氣都沒有了。不，不是沒有勇氣，是沒有興趣。年輕時，你覺得這種搖頭是可讚美的。中年後，你感到這是可笑的。終於，你承認它是一種堅不可拔的存在。它像神話中的獅妖，砍掉牠的腦袋，牠的第二個腦袋立刻會長出來。砍掉第二個，還有第三個，第四個，第五個，……………。這種滋味，一個年輕人是體味不出的。必須等第一根白髮出現在頭上的時候，你才能開始咀嚼。我和奧蕾利亞的一段悲劇，只不過叫我提早體驗這種滋味罷了。此後十年，它一天天加深加重，壓得我喘不過氣。我終於明白，愈是認眞追求幸福的人，愈不容易得到幸福。倒是並不怎樣追求它的人，它卻時而在他的身邊團團轉！而且，眞當幸福在你身邊時，你不一定知道，等到你知道時，它常常已消失了。

說完這段話，他深深嘆了口氣。

元月二日上午十一時左右，我醒了。睜眼一看，那位怪客不見了，我自己竟已躺在丹床上。從枕邊，我只看到他留的一張紙條，上面只有幾句話：

朋友：

我的事辦完了，我走了。我請求你：無論如何，不要拿我這個故事發表。否則，我會非常輕視你！

一個人

看完條子，我楞住了。我想，這個人委實神秘、古怪，他究竟到哪裏去了呢？山前山後找了一遍，都沒有發現。問廟裏道士和長工，全說不知道。這個悶葫蘆眞叫人猜不透。

跑了好一會，不知不覺已是黃昏。這一天，我是不能下山了，只得再在廟裏住一宿。

我獨自呆呆坐在客堂內，望著桌上的空酒瓶、空酒杯，以及殘肴剩菜，不禁愈加想念起那個怪客。這一晚，我在床上翻來覆去，總睡不著。想起他所說的故事，我頗覺好奇、激動。他所說的話，我愈想愈覺得有點意思。我眞是後悔，當時竟那樣疲倦，坐在椅子上偏偏打起瞌睡。但我後來又怎麼睡在床上呢？一定是他攙扶我進丹房的。我自己竟糊糊塗塗不知道了，眞是該死萬分。

懊悔也沒有用，還是下山要緊。我決定翌日動身。

我披衣起坐，索性不睡了。我想，聽了這樣一個故事，居然聽睡著了，已經大不該。講故事的怪客，已經走了，明天上午，我也要走了。這一夜，我竟學山下古代陳摶老祖（註七），打算酣睡一場，那倒是一件怪事！

這正是午夜二時。我倚著玻璃窗，極目向窗外望去。雪沒有再落過，華山仍罩在一片大雪中。山上山下一片白，到處仍是一些高高低低的北極冰山。我視覺裏的世界，依舊是一個銀色宇宙，不同是，我此刻感覺，不再像兩天前那麼輕鬆了。這片銀宇宙，彷彿不再那樣通體透明，潔白芳香了。它似乎有點朦朧、暗淡、混濁。雖然四周仍似一片白色夢景包圍我，但夢境開始分裂了、殘闕了。在這份幻境裏，我看見叢石巖縫間倒掛的蒼松，它雖然是一片玉白，形姿卻是彎彎曲曲的。另外一些山上巨樹，枝條因爲滿馱積雪，負載太重，也被壓得彎折了。許多小草，全被瓊雪壓倒了。一陣陣風吹過，一些雪點子，不斷從樹枝上簌簌落下來，整個華山，時不時的，似瀰灑著一片片神妙的雪氣，像霧淞一樣，迷迷濛濛的散落著。

我望著，腦海裏出現了一片朦朧、迷離、恍惚。

我想，我該怎麼辦？我們該怎樣辦？我們該怎樣，才能安慰這個怪客，酬謝他這個故事？我又想：他究竟是眞人？還是個魅影？他的故事，是眞實事蹟，還是一座海市蜃樓？我再想，此時此刻的我，我自己，究竟是一個眞我？還是一個幻形？

哦，天！這一類「？」符號，恐怕我們是永遠畫不清的。我這樣想著，自問著，一個又一個「？」接下去，終於使得我自己也像窗外白色雪景一樣，有點朦朧、徜恍、凄迷，捉摸不定，似有形，似無形，似有色，似無色，似有光，似無光。哦，這個又美麗又可怕又眞實又虛幻的我！「他」竟這樣癡癡的靠著窗口，傻傻的凝視雪景。

「也許，不管他怎樣惱我，不管我會失約，總有一天，我會把這個故事轉告別人，不管用什麼形式。……」

可我這些心靈聲音，窗外再沒有一個生命聽見，也無人回答。只有一陣陣山風不時吹過，一陣陣雪珠子、雪點子，如雲似霧的，不斷從樹上飄灑下來，——雪仍落在雪裏，白色仍消失在白色裏。這些，就算是對我的回答。

啊！上帝，這兩個月，我算白療養了，可能，我的腦疲症又要復發了。

我推開窗子，在一陣撲面寒氣中，開始一次新的沉思。——一個可能是永遠沒結沒完的沉思。

又一次，我讓自己深深沉沒於這片白色雪景中。

（一九四三年十一月九日至二十九日完成初稿。一九八一年一月修正。同年八月三十日第二次修正。一九八七年八月二十四日第三次修改。一九八八年七月廿四日第四次修改完畢。）

【附註】

註一 參考「居禮夫人傳」。

註二 但丁「神曲」中最高「三十三天」稱「最高的玫瑰」。

註三 參考李嘉譯海涅詩。

註四 林達與希綠為希臘神話中的人物，二人隔海而住，林達每晚從海的彼岸泅泳過來，與希綠幽會。有一晚，海中起大風暴，林達被淹死，希綠看見他的屍首飄浮在海上，當即跳入海中，抱住他，兩人屍首於是擁抱沉入海底，又浮起來。

註五 用梁宗岱譯文。

註六 參考梁宗岱譯：「歌德與悲多汶」。

註七 山下玉泉院，有陳摶老祖酣睡處的古蹟，相傳他一睡二千年。

反應

試談「北極風情畫」的藝術魅力

方為良（註）

三十幾年前，「北極風情畫」問世時，筆者曾讀過一次。此次有機會瀏閱修正本，發現作者已大加刪改，增補，藝術效果較舊本更爲提高，遂草此小文，作爲讀後感。本文主要是分析這本小說的種種藝術特色，以就教於高明。

中篇小說『北極風情畫』（以下簡稱『北極』）係無名氏舊作，一九四三年冬起，每日連載於西安『華北新聞』。一九四四年七月，『華北新聞』社以單行本發行，在以後的一年半時間裏，僅在西南西北大後方，就再版四次，是當時最暢銷的一部小說。『北極』的問世，給四十年代的我國文壇引起了一陣震動，不僅青年一代爭相閱讀，一些學者名流也表示讚賞，章太炎五大弟子之一的汪東（中大文學系主任）讀後誤爲出自其兄手筆，特寫一封蠅頭小楷的長信，大爲讚揚。及至得知原爲二十六歲的青年作家無名氏創作，大爲詫異。著名學者吳景超也同樣給以很高評價。

無名氏的創作，迄今爲止，計刊行十三部，全集目前正在海外繼續出版。定名爲『無名書稿』的長篇鉅作，共二百六十萬字，分六卷。『北極』並不是他著作大廈的主構，祇是廳堂裏的一件小擺設，但管窺一斑，可見全豹。讀者品味了『北極』這一臠時，已覺愛不釋手了。其文勢的優美、筆觸的清新、遣句的別緻、感情的豐滿、創造力的奇突，在在給人以別有洞天之感。海外評論家認爲無名氏的作品（『無名書稿』）有『D．H．勞倫斯的熱情奔放、杜斯妥也夫斯基的精敏、豪邁，湯姆士．曼的穩健拙樸，也有赫曼．赫塞（Herman Hesse）的怪誕。』褒詞是否允當，姑且不論，僅就『北極』風行四十年而不稍衰，擁有海內外廣大讀者這一事實言，就足以說明其生命力之強、影響力之深廣了。

『北極』寫的是一對異國青年男女由奇遇而結識、由結識而眷戀、由眷戀而熱愛，然後是狂瀾突起。男主角奉命必須返國，斬斷情絲，最後以女主角殉情而結束。

若是不加分析地、把奧蕾利亞和林上校的一段纏綿悱惻的悲劇作爲一部奇遇記來看，那決非作者本意。奧蕾利亞雪地追蹤，錯把林上校認爲情人瓦夏，這是偶然的；但他倆的眞正相戀，卻是經過了一段認識的過程。細心的不難發現：林上校的風度、談吐、舉止，以及文學、藝術、歷史學等方面的涉獵，莫不具有東方民族的修養。尤其值得重視的是，波蘭少女奧蕾利亞與朝鮮軍官林上校，他們的祖國有著同樣的悲慘遭遇。當時朝鮮正處於日本軍國主義的侵略鐵蹄下，而波蘭呢？作者借用書中主角的口吻，滿懷同情地寫道：

我還記得，在沙皇統治下，波蘭到處是鐐銬與皮鞭的聲音。尼古拉王朝不許波蘭人學習波蘭文字，在東部，只容許一種文化：俄文！

關於林上校的身世，在他認識奧蕾利亞之前，作者已作了簡略介紹：他是朝鮮的愛國志士，由於不堪忍受亡國的恥辱，毅然參加了中國東北義勇軍。在馬占山將軍領導下，與中國將士並肩作戰，抗擊日寇。在一次血戰中，因寡不敵衆，後援不繼，被迫撤退到俄境，以圖再舉。林上校正是在這樣一個特定情勢與環境下，在托木斯克與少女奧蕾利亞邂逅的。奧蕾利亞之所以愛上林上校，並非是一見鍾情。作者通過一連串的情節：男主角的風趣談吐、有禮有節的舉止，解除了奧的顧忌屏障。及至她了解到他是一位青年軍官時，在驚訝之餘，才對他有了好感，對這位爲國奮戰的勇士產生了敬愛之忱。一個東方軍人竟能侃侃而談，隨口暢敘西方著名藝術大師的作品，更是難能可貴。最主要是：作者把一對戀人的民族命運結合一起，正是在這個基礎上，雙方才產生了愛情，也提高了愛情的境界，這是一般浮泛的言情小說難以比擬的。

今天重讀『北極』，我們對朝波兩國的命運，仍然懷有同情感與切膚之感。朝鮮仍被分裂，波蘭也並未獲得實質上的獨立自主，『北極』所描畫的四十年前嚴酷形勢，目前似並沒有改變多少。作者借歷史這面鏡子，激發人們的民族意識，暗示著一種爲求國家統一、獨立、自主而奮鬥的時代潮流。這種暗示，今天看來還是有一定現實的積極的意義的。

讀『北極』，若僅僅沉醉於它的情節，和男女間眉挑目語的風情，或從實用主義出發，作爲自己「聰明」的實驗，那麼，連華山也難免要嘆息的。

若把『北極』當作一壺咖啡，藉以遣興，或作爲茶後酒後談資，又未免失之褻瀆了。

『北極』選華山爲起點，那峯巒、白雪、了無人跡，象徵著莊嚴、崇高、寧靜與和平。在萬籟沉寂時，站在華山之巓，鳥瞰蒼茫大地，既可回顧歷史，也能從外觀到內省，引起聯翩浮想。生命應該像白雪那樣純潔，像落雁峯那樣堅定，像長空棧道那樣高曠。大自然是生命的孕育者和啓蒙師，從那裏，人們不僅可以自我觀照，還可以吸取無限的創造力量。

無名氏寫『北極』時，他在文學界還是一頭初生之犢。我們讀這部作品，只要不是走馬看花，就不難發現字裏行間，顯示了他的一股創新精神，他的敢於踏破小說古壘殘闕的勇氣。他的小說可以當作散文和詩來讀。他把我國古典詩詞的賦比興的手法，肆意地運用到情節描繪和人物對白中。他所運用的語詞常別出心裁。他的行筆則妙趣橫生。他有他自己一套格調、肌理、氣度、態勢。他有他自己獨特的風致、文采、韻味。他大膽嘗試著，把東西方語言的精華，經過自己的錘鍊，鑄成別具一格的詞藻。

他的奔放、浪漫處是西方的，他的用語，某些哲理，卻又是民族的。他對人物造型既有西方氣息，也有東方味道。寫生離死別，有李清照的惆悵哀切；寫兩情纏綿，有柳耆卿的輕盈佻達。他的辭彙、格調，既清新俊逸，又盪氣迴腸。寫華山一日遨遊、如聽牧童短笛；寫離恨別怨，則有波特萊爾式的沉鬱。他用法蘭西的靈活筆法寫奧蕾利亞雪地追蹤；又用德意志的深邃寫華岳的莊嚴境。全書風格不低不薄，技巧卻新穎奇崛。他的一枝生花妙筆，簡直是隨心所欲，獨來獨往，眞是野！眞是狂！眞是怪！

「北極」以寫華山爲序曲。那山姿巒影，宛似「活蹦活跳的美麗小獸」。聽泉水叮噹聲，裏面「有鋼琴，有提琴，有抒情曲，有夜曲」，醇酒一樣地把人弄得醉醺醺的、甜滋滋的。作者使用了舒伯特輕音樂的抒情手法，把讀者引入一片清新桃源境。晨曲剛歇，忽然五弦齊拔，奇峰突起，在狂風大作中，推出了一個古剎怪人，不由自主地、讀者的一顆心，就被那變幻莫測的情節吸引住了。

其實，與其說是「北極」情節牽人，毋寧是作者那支魔筆揮洒得出奇，令人目眩。寫景，味如啜玉嚼冰；寫情，能沁人心肺；敘對白，則溢弦外之音。全書一幅幅畫面，時而空谷幽蘭，時而火山狂啖，正是這些波譎雲詭，才顯出作者的藝術魅力，因而抓住了讀者的心。

我個人細細揣摩無名氏的『北極』，在矇矓中，似隱現著有香澤的色彩，同時也放射著古典的風華；但終於非洋非古，別出心裁；洋古雖同床，卻是異夢，他絕不循舊途，卻另闢蹊徑。

這條蹊徑，有以下的幾種『新』：

1.『北極』突破了傳統小說的形式，通篇用詩和散文的筆觸狀物敘情。書中不斷湧現音樂的旋律、節奏、繪畫的淡妝、濃抹，兼有雕塑的立體感。正如坡公所描廬山，橫看是嶺，側看是峰，最終卻給人以多方面的綜合藝術享受。

2.『北極』的起勢不凡。他寫華山，景中有情，情中有景。此外，作者說：『許多腦子有毛病的人，爲什麼不來請教華山這位偉大醫生呢？』俏皮話裏寓有哲理，發人深省。

故事既發生在北極寒帶托木斯克，作者選擇臘月時令的華山，讓主人公上銀砌玉堆的落雁峯頂去眺望、回憶、悼念異國風情。作者對時間、地點、情景，都經過了一番精心的安排。

直筆破題，看似簡捷，卻缺少餘味，『北極』用的卻是書法藝術中的藏鋒，深得顏魯公三昧。本書序幕所以引人入勝，這正由於作者使用了獨到的藝術手法。

3.出神入化的新辭，構成『北極』的另一藝術特色。正如托爾斯泰說：『愈是詩句，愈是創造的』。

林上校受奧蕾利亞垂青後，免不了對她的舊情人瓦夏興起了神秘的妒忌心，便發了一句問：『他是怎麼的一個鬼？』一個『鬼』字，多形象！生動！把一個男主角的全部妒意躍然托出。但又運用得如此自然，妥貼，準確，眞是傳神之至。這和『聞道烽煙動，腰間寶劍匣中鳴』的「鳴」字，有異曲同工之妙！一部有生命力的創作，不僅篇有新意，句有新詞，還得要處處鍊字，創出前無古人的獨特詞彙來。

無名氏在『北極』裏，寫原始女性的誘惑力，用「蠻艷」，寫慘容淚眼時，用「淒艷」，寫塗粉抹脂時用「俗艷」，恐怖時用「頑艷」……字字珠璣，光彩煥發，作者的縱橫才氣與創新精神，通過『北極』處處嶄露頭角。

4.富有想像力的人物造型。無名氏寫奧蕾利亞的形態，先是虛寫，後是細筆，再是層層演進，刻劃了主角的個性、情操、喜怒哀樂的變化，給人以動畫片一般的藝術享受。雪地追蹤一幕，只聞其聲，暫隱廬山面目，就如鍾馗出場，以袖遮臉，露形不顯容，撩起觀衆急想一睹「廬山眞面目」的欲望。咖啡館再遇，她才一亮相，他就發出『天哪！我幾乎暈倒在地上。』的驚嘆聲。這裏，作者用春天太陽下的一田麥浪、印度的藍天、古代女神的浮雕、希臘古磁皿上的畫像，來描繪她的鬈髮、眼睛、鼻隼、體態、與丰儀。接著，換了一個場景，又別有一番風光，寫她美得叫人「醉」。『像黎明時分的太陽，光芒四射，……』這裏，作者用夢、帘子、銀杏樹，比喻她的眼神、睫毛和身段。『簡直像金色陽光下的一片藍色大海，整個掩沒了我，大的小的圓的長的藍色波浪，簡直把我捲得喘不過氣來。』寫頭髮，寥寥數筆：『眞長、眞亮、眞濃，好像是一片幽暗的小樹林。』作者使用了明喻、隱喻、借喻、曲喻、博喻的一連串藝術技巧，使人物栩栩如生，珠光燦爛，令人目不暇給。

5.我國傳統的賦比興藝術形式，被作者活用到『北極』的對白，獨白，旁白中去，無疑是一個創舉。賦是直言舖陳；比是以此喻彼；興是觸物起情。書中有一段男女主角精彩的對白，開始時是從上校必須是有鬍子談起，再論軍人兼有文學修養，又議論到屠格涅夫、杜斯妥也夫斯基直至耶穌，然後忽然筆鋒一轉，『如果世界上個個人都是耶穌，人類就非滅亡不可。』（『……耶穌是一輩子獨身……』）這種機智的賦比興技巧，穿插在不少章節裏，而看『茶花女』歌劇歸來的那段對白，妙趣横生，餘音繞樑，讀後不禁爲之叫絕。

要賞析無名氏『北極』的藝術特色，決非我一篇拙劣的短文所能盡述，那只有待行家去評論了。

（註）方爲良爲上海科技大學教授

略談無名氏小說創作的抒情風格（節錄）

——讀「北極風情畫」「塔裡的女人」「野獸、野獸、野獸」

呂　明（註）

引　言

四十年代的中國文壇，爲什麼這麼寂寞淒清呢？難道中國人的靈魂和智慧也在侵略者的鐵蹄下消失了，沉默了？

這時，無名氏如一陣颶風、一陣旋風，闖進了沉寂的文壇，帶來了大雷雨、大火、大雪、炸藥硝煙與西伯利亞的寒冷，以及衝破大地嚴寒的蓬勃的生氣。

他先後問世的「北極風情畫」、「塔裡的女人」、「野獸·野獸·野獸」等書，以全新的獨特的風格轟動了文壇，在讀者心中掀起了巨大的波瀾，特別是迷醉了搧狂了一大批青年人。但深受庸俗社會學影響的許多文藝批評家們和作家們，不肯潛心體驗無名氏作品中深刻的內涵，僅僅因他的作品的綺麗情致跟充滿火藥味的時代的情致有一定距離，就對這位初露鋒芒的青年板起冰冷的臉孔，把他拒於千里之外，使一位才氣橫溢的作家只得悄悄徘徊在正統的文學界之外，成了一個孤獨的『無名氏』。更讓人難以思議的是，某些『惜墨如金』的文學史家們，在洋洋萬言以上的文史書籍中，連『無名氏』這僅只三個字的名字都屑於一提，哪怕是作爲一種歷史現象。可是，千千萬萬讀者都沒有忘記他們的創造巨大精神財富的『無名氏』。從他作品刊行之初，直到今天，先後在海內外掀起四次『無名氏熱』，而「北」「塔」一直在大陸上以手抄本的形式廣泛流傳著。即使在文革期間，橫受『焚書坑儒』，那些讀書有罪的歲月裏，人們仍不惜冒極大的危險，爭相傳抄。可見公道自在人心，讀者倒是最有鑑賞力的，是沒有偏見的，眞正藝術見證人。儘管他們有時只能簡簡單單地說個『好』或『不好』，但卻主持著歷史正義。這是向專業批評家無聲的挑戰！批評家們該怎麼辦呢？是閉目塞聽地一味迴避？還是搬出庸俗社會學的殘渣鑄成盾牌來抵禦？抑或是勇敢擯棄自己過去的偏見，對無名氏作出實事求是的評論？

無名氏論「無名氏初稿」曾說過：『我嘗試在作品中創造一種強烈氣氛，它由三個來源組成，一、文字語言的具有音樂性的美的洪流，二、巨大的熱情洪流；三、人生哲理的思維洪流。』

雖然這僅涉及他的藝術原則的一部分；但作者的上述初步自我總結和設想，是很全面和貼切的。正是這三股『洪流』，構成了他獨特的風格，而『熱情洪流』又占主導地位。『文字語言的具有音樂美的洪流』，使得『熱情洪流』發展充分地流泄，而『哲理的思維洪流』卻是『感情洪流』發展的峰顚，因此作者接著說，『有時其中二種洪流合而爲一』。當我們閱讀他的作品時，就會感到作者的嘗試是成功的。一種狂放的、暢快的情感的熱浪迎面撲來，壓得我們透不過來，似乎把我們的血要燒沸，心要灼焦。這種情感也決定了他的抒情基調——高昂、悲壯、急促、奔放。

下面是「北」中寫奧蕾利亞在心上人即將離去的情景。作者用了一連串急促的排比式的短句和極爲誇張的描寫，描畫了一個絕望的少女的形象，抒發了一種濃烈的、峻急的、悲愴的、灼人的情感。這是一個比較有代表性的場面，由此可見其作品的整體情感基調與節奏是多麼強烈了。

『他在我懷裏滾動著，抖顫著，狂語著，像害熱病以地。她似乎連淚帶血以及五臟六肺一起要從話語裏噴射出來，叫我變成一個血人，淚人。』

也正是這種抒情基調，構成了作者匠心獨運的抒情風格，使得他有別於熱烈而不狂癲的羅曼·羅蘭，也不同於狂癲而又冷峻的杜斯妥也夫斯基。羅曼·羅蘭在「約翰·克利斯多夫」中表現的熱烈是清教徒式的，且混和著鮮明的道德意識。他寫的安多納的愛情，則帶著聖母情調。他刻劃主角對阿娜的愛情，由於他自已缺乏對有血有肉的愛情的深刻體會，所以寫來雖然熱烈，卻無法給人如痴如狂感。法國布封說：『風格即人』。杜氏由於被判死刑而臨時獲赦，又由於在西伯利亞充軍且入獄八年，又患癲癇症，這一類生活的烙印和痛苦烙印深入他精神狀態，所以他作品中人物時冷時熱，冷熱無常。又因爲在太冷中突顯奇熱，故其文字與情節有時產生奇效。嚴格說來，上列二人的熱情不全是正面的，或正常的人性的流露（特別是杜），無名氏人物的熱情基本上屬於正面的，正常的，只是比常人更顯得高度強烈而已。當然，無名氏這種抒情格調，乍看似乎使整個作品失去節制與理性，違背了藝術要求含蓄的原則，失之於直露和膚淺。實則不然。因爲一切事務都是矛盾的統一體，諸種矛盾的對立面可以融合成一個球體，讓人從各種角度進行欣賞，從而產生不同的感受。在芭蕾舞中，單腳旋舞像一隻狂轉的陀螺，大劈腳動作像撕開了褲檔，肢解了人體，這都是夠奔放粗野的了。在觀賞者眼中卻是絕頂美；線條優雅、動作輕盈明快，表情含蓄細膩。我想，世界上除了美國舞蹈家鄧肯外，恐怕少有第三個人會說芭蕾舞欠含蓄吧！而狂放粗野和含蓄優雅這絕對矛盾的兩極，就是這樣辯證地統一在芭蕾舞中。無名氏是深得此中三味的。他在大呼大叫中尋求含蓄，任意放縱自己感情和想像，而實際上在狂放中求節制，求節奏，求抒情的音樂美。他描寫奧蕾利亞無掩飾的絕望和痛苦，是爲了表現她對心上人深沉的愛，這深沉的愛極含蓄地（也就是『深深地』）從她的絕望與痛苦中流露出來，正像那被毒蛇纏咬的拉奧札，在他被痛苦扭曲的臉上，隱隱地表現一種極爲偉大的靜愛和崇高的犧牲精神。

決定作品風格的最主要的因素是內容。無名氏作品的內容，主要是表現人類的各種美好的感情，藉它們來激動人們痲木的冷卻的心靈，從而達到啓迪人們靈魂的目的。因此，我們只需對他所表現的情感內涵進行分析、探討，就能親見其對他的抒情風格的形成的直接作用了。儘管無名氏的情感狂放得近乎瘋癲，卻跟陀氏的病態的，畸形的情感迥然相異。因爲，他的抒情內容是健康的、積極向上的。杜氏在身心受到慘絕人寰的摧殘後，對現實人生每不免感到渺茫和失望，只得把希望寄托到基督教的絕對自我犧牲的倫理情感上，其調子是灰暗、陰冷的。『罪與罰』中，主角拉思科涅可夫跪在妓女面前大聲疾呼：『我不是跪在你面前，是跪在全人類的苦難面前。』從某種角度說，這毋寧表現了一種絕望的情感。但無名氏對人生、對宇宙生命充滿希望與信心，從生命整體概念（宇宙生命），從人類歷史文化精神，來分析和探索人生，追求其中的眞、善、美。他禮讚積極的人生和純眞的愛情，謳歌進步的社會革命，希冀人性的回歸。在他筆下，無論是在革命鬥爭中時而奮起時而消沉的印蒂，還是在愛情的悲歡離合中自殺的奧蕾利亞，絕望的林，抑或是瘋了痴了的黎薇，以及逃進寺院的羅聖提，都沒有消失對生命的渴望，對人生的熱愛。作者也沒有因爲他們由於幼稚、狂熱而導致了不幸和失誤，就去譴責他們；反而對他們在幼稚、狂熱中表現出來的勇敢、智慧、眞誠以及對人性解放的追求，進行了讚美；對他們的不幸，則寄予深切的同情。這裏面，沒有任何絕對陰沉的調子與絕望，以及絕對灰暗的心理。儘管寫的是悲劇，但通過它，卻淨化了情感，發掘了人們心靈中崇高的一面（也美化了情感。由於美化，在悲劇中仍可自我陶醉，這正是藝術昇華的作用）。在淨化的情感的美的享受中，人們依舊覺得人生——生命中有依戀之處，寄托之處。而悲劇本身有時反而像陽光中的陰影，分外襯出希望的陽光——生命的陽光的美麗、迷人。

無名氏這種健康、美好的情感，從其主旨和表現程度來看，可用眞、善、美三個字進行概括：

眞，主要指其感情的眞摯和自然，沒有矯揉造作的成分。譬如寫林和奧蕾利亞的戀愛，作者絲毫沒有爲了提高他們愛情的純潔度，而否定其中逢場作戲成分與性愛成分，因爲高尚往往產生於依附於庸俗，就像皎潔的荷花出自污泥一樣。這樣寫來，就顯得眞切可信。這只是一個方面。另一方面則是他對抒情節奏與程度的把握。無名氏深受唯美主義文學影響，擅長於寫情，追求一種壯美的情感——即大起大落、如痴如狂的情感。但這一類趨向於極端的情感，極難把握，因爲並不是眞的痴、狂，或歇斯底里，猶如現實生活中精神病患者的發作。情感的抒發可以允許盡情誇張，但要適度，把握得好，則眞切感人，令人迴腸蕩氣，否則，就會流於空假，毫無可取。理由有二：

一、誇張過火，情感漫無節制地渲洩，喪失了理智成分，變成貨眞價實的狂人囈語。二、情感表現缺乏層次，沒有變化，一味狂熱，反而狂熱不起來，顯得單調、無力、死板、空洞，給人虛僞感。無名氏對感情的層次和分量是把握得比較好的，在『北』中，分別塑造了兩個『狂人』——林和奧蕾利亞，但他們的『狂』是不盡相同的。林是由假到眞，先是故作多情，去賺取奧，到了後來，卻是眞正愛上她，且達到狂熱狀態；奧蕾利亞始終是個眞誠單純的女孩子，她對林的愛是從無到有，由淺而深，最後陷入不可自拔的境地，終於導致了自身的毀滅。這裏的感情層次是明晰的、多變的，因而也是眞摯自然的。所以，這兩個『狂人』和他們所表現的狂熱的感情，給人眞實感，也最能打動人。

善，主要指情感的傾向和內蘊而言，這一點，前面已略論述。無名氏一生都在追求光明，探求人生眞諦，尋求進步。因此，他爲一切善良的、美好的、進步的事物唱贊歌，並鞭撻一切醜惡的、落後的東西，試圖喚起人們的良知，幫助他們辨別美醜，給人們以人生的啓迪。這一切都是向善的、積極向上的，和社會前進步伐相一致的，因而値得肯定。他在『北』中，不光贊美了男女主角熱烈而眞摯的愛情，而且歌頌了他們的愛國主義的熱情；在『野獸』中，贊美了摧枯拉朽的北伐革命戰爭，禮贊了人民群衆偉大無比的力量，同時，對那些投機於革命、愚弄群衆、苟營私利的政客進行了鞭撻。這些，即使在今天，也仍然有其進步意義的。無名氏的思想感情不光是健康的，而且是深沉的、新穎的、大膽的。他在『北』『塔』中，肯定並贊頌了愛情中的『美狄亞』精神，在『野獸』中，從人和家庭、社會、大自然、人類歷史、人的意識形態等各個方面。來探討人——生命的本質。這些獨特的思想結構化爲作品的激情和靈覺，產生了巨大魅力。

美，是建立在眞和善的基礎上的。作品情感內容的眞與美，作者是借助一種優美的抒情筆調來表現的，使得作品中處處洋溢著詩意，給人以充分的美的享受。我們不妨隨意從『塔』中擷取一段來說明：

泉水聲空靈而瑰麗，它似乎不是在我腳下流，而是在我心上流。並不是它在我心上唱，而是一個女孩子輕輕在耳邊唱，唱一些美國黑人所愛唱的原始情歌，最最單純的，也最最濃艷的。』

這宛如莫札特多情動人的小夜曲，又好像東山魁夷那迷人的畫，令人賞心悅目，顯得『空靈』和『瑰麗』，詩意的悠然、飄渺的樂音，簡直叫人陶醉。這裏表現了一種超然的精神，一種靜謐而恬淡的詩意的美，但又是如此充滿生命、充滿活力，在怡然的柔美中透出一片奔放的剛健的美。

無名氏那高昂、悲壯、急促、奔放的抒情基調，不光決定了他的風格是豪放的，而且決定了：其表現的美的類型，是陽剛之美占主導地位，即融合了古典美學中的崇高與悲壯。他崇拜大自然，更崇拜其粗獷形態——把漫天撲來的雪，摧折人寰的風暴，氣勢磅礡的大海，悖天動地的大雷雨……等等，不予任何修飾，就搬進作品，並使它們和人世暴風驟雨式的革命，在苦海中呻吟掙扎的生命、不可阻擋的愛情，交織在一起，構成洶湧澎湃，氣呑山河的交響樂曲，表現出『挾風雨雷霆之勢，具神工鬼斧之奇』的陽剛之美。

當然，一個成熟的作家，其審美情趣是廣博的。無名氏的創作，儘管以表現陽剛之美爲主導，但也融合了陰柔之美（如前舉『泉水聲』一段），這使得他的作品更爲完美、更富於詩意。譬如，在『野獸』中，描寫了怒聲嗃噭，猙然狂馳如衝出囚籠的『彪叵海怪』的大雷雨，緊接著寫雷雨後的大理石般潔淨的天空，世界明淨的藍色的情調，蟬的歌唱，呈托出了一幀怡然的畫面。從這剛柔相濟的兩幅場景，可以略窺他風格的兩面，它們給人幻變奇譎的美感，也加強了作品的抒情性。

總之，無名氏這種化合眞、善、美的思想感情，吸引了無數讀者，也激發了他們崇高的情操，淨化了他們的心靈。這是他的作品的魅力所在，也是作者孜孜追求的藝術結晶，與形成他的獨特風格的主要原素。

（註）呂明曾是廣西民族學院中文系講師

踏破小說的殘闕古壘（節錄）

——七十歲老翁讀《北極風情畫》（註）

李偉

靜謐的冬夜，我又一次重讀《北極風情畫》的尾聲。船在力古利安海中悠悠行駛，這是大月流天之夜。林上校莊嚴而緩慢地打開奧蕾利亞母親的信：

敬愛的林先生：

這眞是一件最不幸的事：昨天午夜十二點多鐘，我的女孩子奧蕾利亞自殺了。在她的遺書上，只吩咐了一件事，就是：把這封灰色信轉給您。現在，我遵照她的遺言，把它寄給您，希望它能安全到達您手裏……

忽然我的眼淚隨之而下。

不要問我爲什麼這樣做！不要問我爲什麼這樣說！不要問我爲什麼這樣慘！不要問我爲什麼這樣苦！不要問我爲什麼要有這樣下場！不要問我爲什麼……

啊，我的親丈夫！我已經把一切交給你了，除了這點殘骸。它的存在，是我對你的愛的唯一缺陷……

啊，夜太可怕了，太黑暗了！太深沉了！啊！我的丈夫！我的丈夫！你在哪裏？你在哪裏？你在哪裏……

我流著淚，我透不過氣來。我喃喃自語：「無名氏啊！你那支筆能攝魂奪魄地煽情。」

（註）李偉現年七十歲，他在「神秘的無名氏」一本傳記書中談到他對「北極風情畫」的感受。此處僅摘錄其感受的最後一段。